国語授業アイデア事典

アクティブ・ラーニングがうまくいく！

ペア&グループ学習を取り入れた
小学校国語科
「学び合い」の授業づくり

細川太輔・北川雅浩 編著

明治図書

は じ め に

　編者は12年間小学校の教師をしてきた。その中で編者の授業観は以下のように変わってきた。最初は一斉授業で教師がよい切り返しをして，子どもの素晴らしい意見を引き出すという授業観である。しかし，それでは子どもの本当の主体的な学び合いになっていないのではないか，という指摘を受けた。そのため教師が引っ張るのではなく，子どもたち自身で学び合うように，授業の司会を子どもに任せた一斉授業をするようになった。その結果子どもたちが主体的に学んでいるように見えるようになった。

　しかし，本当に全員に有意義な学びがあったかという指摘を受けた。一生懸命考えている子どももいれば，そう見えているだけの子どももいる。授業中発言するのは多くても２，３回であり，全く発言しない子どもも出てきてしまう。確かにしっかり聞いて考えているという見方もできる。しかし国語科の授業なのに多く表現できない，というのは体育の授業なのに体を動かさないのと同じではないだろうか。

　そこで筆者はまた授業観を変え，全員が活動し，発言し，学習できる授業を考えるようになった。それが後で説明するような学習環境デザイン的な授業である。全体での学び合いだけではデメリットもあるので，一斉授業とペア学習や少人数グループを組み合わせて全員が活動できるようにした。

　しかしそのような授業は本当に難しい。一斉授業であれば教師が発問や切り返しで簡単にコントロールできる。しかしペアやグループでは，多くのペアやグループができるので，机間指導をいくら一生懸命しても，全てのグループを見ることはできない。また机間指導でもずっと同じ子どもを見ているわけにはいかず，子どもを少しだけ見て指導しなければならない。

そのために子どもをコントロールしようという発想を捨てることにした。子どもが夢中になって活動できる単元を考え，後は子どもを信じ，子どもが学びやすいように学習環境を整えるようにしたのである。その結果子どもたちは大きく変わり，教師から指示されたことをするのではなく，自分たちで何をしたいか考えて学び合うようになってきた。クラス全体の話合いだけの時よりも一人一人の発言や活動が増えたので，子どもが多くのことを学び，そして何よりも自分の学習に自信をもち，意欲的になってきたのである。

　このようにそれぞれの授業形態には長所と短所があり，それを場面によって使い分けたり，組み合わせたりすることによって子どもの主体的な学び合いを生み出し，効果的な学習にすることができると考える。

　本書は，学び合いの授業をどうデザインしていくのかを提案するものである。Chapter 1 では，理論編として学び合いの授業がどうして今，必要なのか，そしてどのように考えればよいのかについてアクティブ・ラーニングや21世紀型能力の視点から説明する。Chapter 2 では，準備編としてそれぞれの学び合いの形態の特徴と留意点について具体的に述べる。Chapter 3 では，実践編として各学年２つずつ12本の実践事例を紹介する。どれも効果的な学び合いになった事例であり，読者の先生方の参考になることが間違いないであろう。

　本書が子どもの主体的な学び合いを目指している読者の先生方に，少しでもお役に立てたら幸いである。

2016年５月

編著者　**細川太輔**

はじめに ……………………………………………………………………… 2

Chapter 1 理論編
「学び合い」のある国語授業づくりのポイント ………… 8

1 アクティブ・ラーニングと21世紀型能力 …………………… 8
1 アクティブ・ラーニングと新学習指導要領 ………………… 8
2 21世紀型能力（コンピテンシー）……………………………… 9

2 学び合いの環境づくり …………………………………………… 10
1 「ひと・もの・こと」の視点で考えた学習環境デザイン …… 10
2 「ひと」デザインの視点による学び合いの環境づくり ……… 12

3 学び合いの授業づくり …………………………………………… 15
1 学び合いの授業のねらい ……………………………………… 15
2 国語科における学び合いの種類 ……………………………… 15
3 「もの・ひと」デザインの視点による学び合いの授業づくり … 16
4 効果的な学び合いになるツール・関係づくり・時間設定 …… 17

4 学び合いの評価 …………………………………………………… 20
1 何で評価するのか ……………………………………………… 20
2 何を評価するのか ……………………………………………… 20

Chapter 2 準備編
人数・構成・タイプ別 学び合いの特徴と指導のポイント … 21

1 人数別 学び合いの特徴と指導のポイント …………………… 21
1. ペアでの学び合い ………………………………………… 21
2. 3人のグループでの学び合い …………………………… 22
3. 4，5人のグループでの学び合い ……………………… 23
4. クラス全体での学び合い ………………………………… 24
5. 人数を教師が決めないグループでの学び合い ………… 25
6. ペア・小グループとクラス全体を組み合わせた学び合い … 26

2 構成別 学び合いの特徴と指導のポイント …………………… 27
1. 同じ意見，興味・関心をもつ子ども同士の学び合い ……… 27
2. 違う意見，興味・関心をもつ子ども同士の学び合い ……… 28
3. 子どもが自分で相手を探して決める学び合い ………… 29
4. クラス外の同学年の子どもとの学び合い ……………… 30
5. 異年齢の人との学び合い ………………………………… 31
6. 同じ意見同士の学び合いと，違う意見同士の学び合いの組み合わせ … 32

3 タイプ別 学び合いの特徴と指導のポイント …………………… 33
1. 協働的問題解決1・問題を発見する学び合い ………… 33
2. 協働的問題解決2・考えを広げる学び合い …………… 34
3. 協働的問題解決3・考えをまとめる学び合い ………… 35
4. 交流での学び合い ………………………………………… 36
5. 話合い自体が目的の学び合い …………………………… 37

Chapter 3 実践編
主体的・協働的な学び合いのある学年別・国語授業プラン … 38

1 **第1学年** 書くこと …………………………………………… 38
多様な考えに触れる低学年のグループ学習
言語活動　おすすめの本を紹介する文章を書く

2 **第1学年** 読むこと …………………………………………… 46
子ども一人一人が役割意識をもてるマトリックス型グループ交流
言語活動　音読劇

3 **第2学年** 読むこと，書くこと ……………………………… 54
読み書き関連単元での学び合い
効果的なペア学習
言語活動　説明書を書く

4 **第2学年** 書くこと …………………………………………… 62
交流して相談し，お話を作るペア活動
言語活動　お話づくり

5 **第3学年** 書くこと …………………………………………… 70
小グループで内容面に着目した推敲
言語活動　紹介文を書く

6 **第3学年** 書くこと …………………………………………… 78
同じ興味・関心をもった子どもたちの小グループでの学び合い
言語活動　こん虫図かんを作ろう

7　第4学年 話すこと・聞くこと …………………………………… 86
グルーピングや「見える化」で全員参加を促す小グループ
言語活動　グループでの話合い

8　第4学年 書くこと ……………………………………………… 94
子どもが自然に学び合う環境づくり
言語活動　新聞作り

9　第5学年 話すこと・聞くこと …………………………………… 102
全員参加を促す話合いボード
目的に沿って意見を出し合いまとめる話合い活動
言語活動　グループでの話合い

10　第5学年 書くこと …………………………………………… 110
必要感のあるグループ学習
言語活動　俳句の創作と作品の鑑賞

11　第6学年 話すこと・聞くこと …………………………………… 118
過程を重視した話合い
言語活動　グループでの話合い

12　第6学年 読むこと，書くこと …………………………………… 126
「ジグソー法」を使って読みを深める
言語活動　絵画を見て鑑賞文を書く

おわりに ……………………………………………………………………… 134

Chapter1
理論編
「学び合い」のある国語授業づくりのポイント

1 アクティブ・ラーニングと21世紀型能力

1 アクティブ・ラーニングと新学習指導要領

　平成26年11月に，文部科学大臣は中央教育審議会への諮問を以下のように行った。

　「何を教えるか」という知識の質や量の改善はもちろんのこと，「どのように学ぶか」という，学びの質や深まりを重視することが必要であり，課題の発見と解決に向けて主体的・協働的に学ぶ学習（いわゆる「アクティブ・ラーニング」）や，そのための指導方法等を充実させていく必要があります。

　つまり，これから先，子どもが主体的・協働的に活動しながら，知識だけではなく，学びの質を深めていくような学習を展開することが求められるようになってきたのである。またそれは中央教育審議会の教育課程企画特別部会の「論点整理」（平成27年8月）でも，以下のような図とともに主体的・協働的に学ぶことの重要性が示されている。

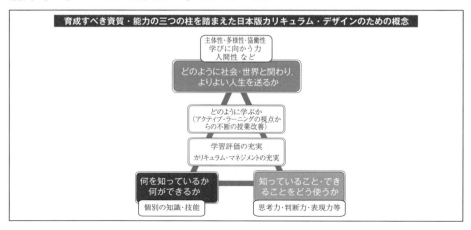

ここから新学習指導要領の方向性が分かる。子どもに、「何を知っているか、何ができるか」という知識技能だけではなく、「知っていること・できることをどう使うか」という思考力・判断力・表現力、「どのように社会・世界と関わり、よりより人生を送るか」という主体性・多様性・協働性、学びに向かう力、人間性をアクティブ・ラーニングで育てていくことが求められている。

2 21世紀型能力（コンピテンシー）

この動きは日本だけに限ったものではない。例えばOECDも引用しているアメリカの研究機関 Center for Curriculum Redesign（以後CCR）は、以下のような図で21世紀型能力（コンピテンシー）を提案している。

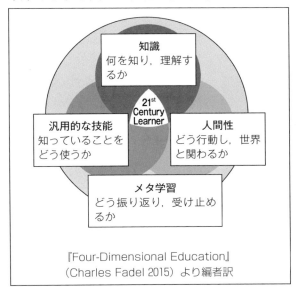

図1　CCRの21世紀型能力

CCRは科学技術の急激な進歩により、今日学んだ知識が明日使えるという保証がなくなっていて、知識だけではなく、スキルという汎用的技能、キャラクターという人間性も振り返りを通して育成していくとしている。ここで注目したいのは、汎用的な技能としてcommunicationとcollaboration（協働）を取り上げていることである。今世界中で起きている複雑な問題を解決するのは個人では無理で、多様な考え方の人とコミュニケーションを取りながら、協働的に問題解決を行っていく必要がある。それこそが実生活で本当に必要となる力であるとCCRは主張している。

2
学び合いの環境づくり

1
「ひと・もの・こと」の視点で考えた学習環境デザイン

　このようなアクティブ・ラーニングや，21世紀型能力を育てるような授業をどのようにすればよいのだろうか。今までのような講義形式では育成できないことははっきりしている。何しろ主体的で協働的な学習にしなければならない。

　そのアイデアとして筆者は学習環境デザインというものを考えている。学習環境デザインとはフィールドアスレチックのようなものだと考えると分かりやすい。子どもは夢中になってフィールドアスレチックで遊ぶ。一番上に登ろうとか，一度も落ちずに向こうに渡ろうとか，子どもは自ら進んで遊ぶ。その遊びを通して子どもは自然と筋力やバランス能力を身に付けていく。

　子どもに筋力を付けるように毎日腕立て伏せを20回するようにとか，片足で毎日1分立つなどの指示をしても，子どもの意欲は続かない。

　しかしフィールドアスレチックは子どもが主体的に遊び，その中で自然と力が付くようにデザインされている。そのため子どもは主体的に活動しながら力も付けることができる。

　これと同じことが国語科の授業でも言える。教師が主導した練習のような授業ではアクティブ・ラーニングにならない。子どもがやりたい，と夢中になり，そして力の付くような授業でなくてはならないと考える。

それでは教師は何をするのか。それが学習環境デザインである。子どもが夢中になって、力が付くように子どもの学習を方向づけるよう環境をつくっていくことが学習環境デザインである。具体的には「こと」「もの」「ひと」の３つの要素があると考えている。

　「こと」は国語科でいう言語活動である。例えば「おてがみ」であれば、子どもにがまくん、かえるくんの行動に着目して読みましょう、という腕立て伏せのような発問では、子どもは意欲を出すことができず、主体的な学習にはならない。子どもががまくん、かえるくんの行動に自然と注目するように音読劇という言語活動を取り入れたとする。すると子どもは音読劇という言語活動の中で、言葉を動作で表すことになるし、動作で表すことで友達との違いを見つけて読みを深めることもできる。このような言語活動は学習環境デザインの「こと」にあたり、学習環境デザインの重要な要素となる。

　「もの」は物理的な学習材・教具などである。例えば子どもに話合いをさせる時に何ももたせずに話合いをさせるのと、真ん中にホワイトボードをおいてメモをさせながら話合いをさせるのでは、大きな違いが出る。このような「もの」によって子どもの学習は大きく方向づけられるのである。

　他にもICTを取り入れることでICTの特性によって子どもの学習が変わってくる。例えばコンピュータを使って書く学習をすると、子どもが文章を直すことを厭わなくなり、多く文章を直すようになったという授業を以前筆者は行ったことがある。子どもの学びの質を上げるためにはICTは有効である。

2
「ひと」デザインの視点による学び合いの環境づくり

　「ひと」は子どもの学び合いをどうデザインするかである。よく教師は一斉授業を基本の形態としがちであるが，本当に一斉授業が子どもの学習に最も効果的であるかどうか，考える必要がある。「ひと」デザインを考えるポイントは3つあると筆者は考えている。

①人数

　学び合いを何人で行うのかという，グループの人数を考えるとする。クラス全体で話し合うのがいいのか，2人組がいいのか，3人組がいいのか，4，5人がいいのか，子どもの実態や指導の目標によって決めていく必要がある。

　人数が多くなれば多くの子どもが活動するので，意見の多様性は増え，様々な意見をもとに考えることができる。しかし数が多いということは，その分一人一人の参加度，発言量が減ってしまう。クラス全体の授業の場合，子どもは授業1回につき，発言できるのは1，2回であろう。その結果1人あたりの言語活動の量が減り，学習するものも減ってしまう可能性もある。

　一方，人数が少なくなれば，子どもの言語活動への参加度は増え，発言量も増える。その結果1人あたりの言語活動の質が上がっていくことが考えられる。しかし，数が少ないということは逆に意見の多様性が減ってしまい，子どもが多くの意見に触れる機会が減ってしまう。またクラス全体での話合いに比べ，教師が直接指導できる場面は当然少なくなる。

　いずれにせよ，学び合いの人数を何人にするのかによって，学習の質が大きく変わってくる。それを何人で行うのか教師は子どもの実態や教師のねらいに合わせて年間を通して考えていく必要がある。

②メンバー構成

　グループをどういうメンバー構成にしたら，効果的な学び合いになるのか，教師はデザインする必要がある。特にグループの人数が少なくなればなるほど構成が重要になってくる。人数が多ければ自然といろいろな子どもが入ってくるので構成はそれほど大きな影響はないが，人数が少なくなると子どもの多様性が少なくなるので，グループの構成をていねいに考える必要がある。グループの構成の工夫には以下の３つがあると考えている。

　１つ目は話合いが得意な子どもと苦手な子どもをバランスよくグループに組み込むことである。話合いが苦手な静かな子ども同士ではなかなか話合いが進まないことも考えられる。年間をかけて全ての子どもが話合いをできるように指導していく必要があるが，最初は話合いが得意な子どもと苦手な子どもをバランスよくグループに組み込んでいくと効果的である。

　２つ目は，話合いの際に，同じ意見をもった子どもの小グループにするか，違う意見をもった子どもの小グループにするかである。同じ意見の子どものグループであれば意見を補強し合うような話合いになるし，違う意見の子どものグループであれば批判的な話合いや，批判をこえて新たな視点を生み出すような話合いになることが予想される。

　３つ目は交流する際に，交流相手を誰にするかである。交流はどの言語活動でも重要になってきている。例えば物語のおすすめリーフレットを作る際にそれを誰に見せるかによって学習の質が変わってくる。同じクラスの友達にするのか，同じ学年の他クラスの子どもにするのか，他学年するのか，他校にするのか，それとも保護者にするのか，それぞれの場合で相手意識が変わってくるし，その交流で得られる感想も変わってくると考えられる。子どもと共に交流相手を考えていくことが重要である。

③グループの組み合わせ　複数のグループ編成

　グループの人数，構成を1時間内，単元内で変えて組み合わせるという方法もある。同じグループの人数や構成ではその短所を埋め合わせることができないため，様々な人数や構成のグループを組み合わせていくことが有効である。

　例えば授業中に様々な人数の学び合いを入れたとする。授業の最初にクラス全体で意見を出し合ってこれから何をするのか共有した後に，1人やペアで考える時間をつくり，その後4人組で考えたことをもとに話し合う。そして最後にもう一度全体で確認する。多人数で意見を広げたい時と，少人数でじっくり考えて深めたい時とグループを使い分けることにより，深くて広い学び合いをつくり出すことができる。

　また授業中に様々な構成の学び合いを入れることもできる。授業の最初に同じ意見の子ども同士のグループで話し合い，その後違う意見の子どもとのグループを再構成して話合いを行うという方法もある。協調的な同じ意見のグループでの話合いから，批判的な違う意見のグループでの話し合いへと変化させることで，自分たちの考え方を深めるだけではなく，自分とは異なる意見の人の考え方も知ることができる。

　また，人数や構成を特に決めずに自然発生的な話合いを大切にするという方法もある。教師が話合いの人数を決めるのではなく，子どもが必要に応じてペアや小グループを作って話し合ったり，意見がほしい人をグループに加えて学び合ったりすることもある。実はこれは我々大人が日常的に行っていることでもあるし，子どもも実生活ではよく行っていることである。ある程度学び合いができるようになれば，子どもにどんな学び合いをしたいのか考えさせて行わせることもよいだろう。そのことで，学び合いをメタ的に見る能力を育てることもできる。

3
学び合いの授業づくり

1，2では，アクティブ・ラーニングや21世紀型能力を育てるという視点で学習環境デザインの主に「ひと」デザインについて説明してきた。そのポイントをここでまとめておく。

1
学び合いの授業のねらい

学び合いを授業に導入するねらいは以下の３つである。
・国語科の指導事項
・主体的に学ぶ姿勢
・学び合う力

１つ目は国語科の指導事項をより効果的に学習するためである。１人で学ぶよりも学び合いで学んだ方が多くのことに気付くことができ，学ぶことも増えるはずである。２つ目は主体的に学ぶ姿勢を育てるためである。教師が教えるのではなく，友達と学び合うことで，自ら学ぶ姿勢を育てることができる。それはアクティブ・ラーニングが求めていることそのものである。３つ目は学び合う力を育てることができるということである。学び合う力は21世紀型能力の中の汎用的技能の中のコミュニケーション能力や，協働的な能力に当てはまる。

このように，国語科のねらいだけではなく，主体性や協調性をも育てるということをねらって，学び合いの授業づくりを考えていく必要がある。

2
国語科における学び合いの種類

国語科における学び合いの種類には，以下のようなものが考えられる。
・協働的な問題解決
　（問題発見・考えを広げる学び合い・考えをまとめる学び合い）
・コミュニケーション

（交流・話合い自体を目的とした学び合い）

　まず，協働的な問題解決である。協働的な問題解決とはグループで音読劇をするとか，新聞を作るとか，グループ単位で何か活動を行うことである。現代社会では個人で問題解決を行うことは少なく，チームで協働して問題解決をすることが求められている。そのため小学校のうちから協働的な問題解決に慣れていくことが重要である。協働的な問題解決では，子どもたち同士で意見を交わして問題を見つけ，解決していくことが必要となる。このような学び合いではまず問題を発見し，そこからいろいろなアイデアを出して考えを広げ，そこから目的にあった考えにまとめていくという段階があると考える。

　それから，問題解決が目的ではなく，そのプロセスであるコミュニケーション自体を目的とした学び合いもある。そのような学び合いには交流と，話合い自体を目的とした学び合いがあると考えられる。1つ目は交流である。交流は最近では学習の途中での交流も含まれており，厳密な意味では協働的な問題解決と重なるところもある。しかし交流は，どちらかと言えば活動の最後に発表して感想をもらうというコミュニケーションが中心である。問題解決のためというよりは，最後に感想を伝え合い，言語活動をしてよかったという達成感を味わうことが交流の目的である。2つ目は話合い自体を目的とした学び合いである。何か問題を解決するというよりは意見を出し合ってより意見を深めること自体や，話合いを通して論理的な思考力を育てることが目的とされる。討論会などがそれにあたる。

❸
「もの・ひと」デザインの視点による学び合いの授業づくり

　学び合いの授業をどのように作ればよいのだろうか。筆者は以下の準備を考えている。
❶子どもの実態から子どもに付けたい力を定める。
❷子どもが夢中になる「こと」デザインを考える。
❸それを効果的にする「もの」「ひと」デザインを考える。

❶，❷は通常の授業でもよく行われていることであるので，ここでは詳しくは説明しない。ここでは❸に焦点を絞って説明する。

　子どもが夢中になって言語活動をしていても，必ずしもそれが有意義な学習になるとは限らない。学び合いの授業は特に教師が一斉授業のように子どもをコントロールできないので，子どもが主体的でなおかつ効果的な学習になるよう「もの」「ひと」デザインが重要になってくる。「もの」と「ひと」はつながっている。「もの」が効果的なものであれば，それがより効果的になるように「ひと」デザインをすればよいし，逆に「ひと」デザインが効果的であれば，それをより効果的にする「もの」デザインを考えればよい。例えば話合いを可視化するためにホワイトボードが有効であればそのホワイトボードを使うのに最適な「ひと」デザインをすればよい。また逆に同じ意見のグループから違う意見のグループに変化させることを考えるのであれば，その違いが実は同じ根拠から生まれていることが分かる資料を用意するなどの「もの」デザインをすると効果的である。

　いずれにせよ，考えただけでは分からないことも多いので，教師が一度自分で体験してみて，調整することが重要である。

4
効果的な学び合いになるツール・関係づくり・時間設定

　学び合いを効果的にするために教師はいろいろな工夫をする必要がある。その工夫を３つ説明する。

①可視化ツール

　話合いなどをしている際に，話し言葉で話し合っているだけでは子どもが考えにくくなる。そのため筆者は，子どもが話し合っていることを記録する可視化ツールが重要だと考えている。可視化ツールとは，ホワイトボードや模造紙など，話合いを記録するツールである。話し合ったことをホワイトボードなどにどんどん書き込んでいく。そのことにより，自分たちの話合いが記録されるので，記憶を頼りに話し合うのではなく，その記録をもとに話し

合うことができる。その結果子どもは，記憶することではなく，話し合うことに思考を集中させることができると考える。

　また自分の考えや友達の考えを可視化することも重要である。作文を書く前に自分が取材してきたことを付箋に書き，それを動かして可視化することは相手に自分の考えを明確に伝えることになる。また物語の気に入った場面に線を引くことも自分の思考を可視化して相手に伝えることになる。このような可視化ツールを用いていくことは学び合いに重要である。

②学び合い活性化ツール

　いきなり子どもに話し合いましょう，学び合いましょう，と言っても子どもがすぐにできるとは限らない。子どもが学び合いやすくなるようなツールを用意することが重要である。例えばおもちゃの説明書を書いたり読んだりする際に具体物としておもちゃがその場にあれば，おもちゃを見ながら考えることができるので意見は出しやすくなる。また作文の共同推敲の際に類語辞典や国語辞典があれば，吟味するべき言葉を探すことができるので，話合いは活発化する。このように話合いを活発化するツールを用意することで，子どもたちは学び合いやすくなり，学び合いの質も上がってくると考えられる。

③学び合う関係づくり

　学び合いを行うには，子どもたちの関係性が重要である。友達の話を聞くのが楽しいという気持ちや，自分の意見を友達が聞いてくれるという安心感を子どもがもたなければ学び合いは生まれない。普段の学級経営を通して，子ども同士の信頼関係という学び合いの基礎をつくっていくことが重要である。

　また逆に学び合いの授業を通して，子どもたちの関係性をつくっていくこともできる。普段の授業から，全ての教科・領域を通して学び合いを取り入れて，子どもに学び合う力を育てつつ，学び合う関係性をつくっていくこと

も重要である。

④学び合う時間
　学び合う時間をどれだけとるのかについても教師は考える必要がある。時間が短すぎると話合いは充実しないし，長すぎても子どもが飽きてしまう。特にいろいろな形式の話合いを本時の中に入れ過ぎてしまうと，一つ一つの学び合う時間が短くなってしまう。また話し合う人数が増えると，１人あたりの発言する時間が短くなるため，長い時間が必要となるが，長くなると子どもの集中力が続かなくなる。
　どれぐらいの時間が必要かどうかは子どもの実態や活動によって異なるので，ここで具体的な時間を示すことはできない。ではどのように工夫したらよいのだろうか。筆者は３つの工夫があると考える。
　１つ目は，教師が実際にその活動をやってみることである。そのことによってどれぐらいの時間が必要か見当をつけることができる。実際に筆者も３人組での作文の推敲を実際にやってみて，１作品あたり15分程度であると見当をつけたことがある。
　２つ目は教師が子どもの活動をよく見ることである。子どもが集中しているのか，学び合いが進んでいるのか注意深く観察することで，時間を早く切り上げたり，延長したりすることが可能になる。どうしても教師は指導案通りに授業を進めたくなるが，授業は教師のためではなく，子どものために行うものである。指導案に縛られずに，柔軟に時間を使っていきたい。
　３つ目は２つ目とも重なるが，時間をグループによって変えることである。例えば学び合いを15分で区切るのではなく，早いグループは先に進み，ゆっくりなグループには時間を延長するなどの方法がある。このようにすることによって，教師からの指示を待つのではなく，自分から主体的に学ぶ姿勢も身に付く。ただ時間を無限にとるのでは授業が進まなくなるので，単元のゴールには時間を合わせるよう，子どもに有意義な時間の使い方を指導しておくことは当然重要である。

4
学び合いの評価

　学び合いの評価をどうするのか，それは，何で評価するのか，と何を評価するのか，という2つの視点がある。

1
何で評価するのか

　1つ目はグループ全体での活動を見るということである。子どもがグループで学び合ったパフォーマンス，結果を見るということである。グループの中での学び合いは，子ども一人一人違う役割をしていることが多く，全体としてどういう結果が出たかは重要である。中心となって活躍した子どもだけを評価するのではなく，それを縁の下で支えた子どももグループが結果を出すのに貢献したと見ることができる。それぞれの子どもが目立ったかどうかではなく，グループ全体としてどのようなパフォーマンス，結果を出したかを見る必要がある。

　2つ目は子ども一人一人をしっかり見るということである。活躍したかどうか，という視点ではなく，グループの中で学んでいることは子どもによって違うという視点である。授業中の教師の観察だけではなく，授業中の記録，学習感想などを見て子ども一人一人が学んだことをていねいに見ていくことも重要である。そのため子どもに毎回振り返りをさせることが必要不可欠である。全体と1人，それぞれ記録をつけ評価していくことが求められている。

2
何を評価するのか

　評価するものは先に挙げたねらいの3つである。国語科の指導事項，主体的に学ぶ姿勢，そして学び合う力である。どうしても国語科の指導事項というと何を学んだかに注意が行きがちであるが，それをどのように学んだかという主体的に学ぶ姿勢や学び合う力についても評価していきたい。また学び合いに対する意欲も大切に評価していきたい。

　　　　　　　　　　　　　　　　　　　　　　　　　　　　（細川太輔）

Chapter2
準備編
人数・構成・タイプ別
学び合いの特徴と
指導のポイント

1 人数別 学び合いの特徴と指導のポイント

1 ペアでの学び合い

①ペアでの特徴

長所 ペアでの学び合いは学び合いの基礎となるものであり，低学年からよく行われる。ペアでは隣に座っている友達といつでも容易に話すことができる。そのため教師にとっても授業で取り入れやすい形態である。またペアでは両方が話さなくては学び合いにならないので，どの子どももきちんと活動することができる。そのため濃密なコミュニケーションをすることや，深く学び合うことに向いている。話すのが得意な子どもだけではなく，話すのが苦手な子どもにも効果的な学び合いの形態となっている。

短所 ペアでは，２人でしか学び合うことができないので，子どもは多様な意見に触れることができない。また両方とも学び合いに慣れていない場合は２人で黙って時間が終わってしまう危険性もあるし，片方が強い意見をもっていて，もう片方が意見をもっていない場合，片方の意見の押し付けになってしまう可能性もある。

②ペアでの学び合いの留意点

ペア学習は，他のどのグループ学習よりも手軽に取り組めるとはいっても先に挙げたような短所もある。最初にペア学習を組む際には，２人ともきちんと話せるような組み合わせをつくり，そこでペア学習について慣れさせていくことが重要である。また２人とも話す時間を保証するように，ワークシートを工夫したり，１人ずつ時間を区切ったりすることも重要である。ある程度ペア学習に慣れてきたら，ペアを変えていろいろな友達とペア学習をできるようにしたり，教師が指示しなくても子どもが自然とペアで学び合うようにしたりするなど，主体的に学び合う姿勢を育てたい。

🔢 3人のグループでの学び合い

①3人のグループでの学び合いの特徴

長所　3人組は2人組の発展版と考えることができる。低学年から高学年までいろいろな場面で用いることができる。2人組よりは意見を少し出しにくいが，やはり意見を全員が出すことが必要とされる人数である。そのため一人一人が充実した言語活動を行うことができ，深く学び合うことに向いている。交代して一人一人の活動を行うと3回繰り返すことになる。この3回という数は，どの子どもも活動を理解しつつ，飽きずに取り組むことができるという点では最適な回数であると考えられる。また2人組よりは多様な意見に触れることができる。3人組はある程度深く，そして広く学び合う際に適切な人数であるということが言える。

短所　3人組の最大の欠点は意見をどちらかに決める話合いに向いていないということである。1対2になってしまうと1人になった子どもが辛くなってしまう。また3人組ではその可能性はだいぶ少ないとは言え，2人が話して1人は聞いているだけになってしまう危険性もある。

②3人のグループでの学び合いの留意点

　3人組は司会がいなくても，全員が参加でき，しかもある程度の多様性を維持することができるため，いろいろな場面で活用することができる形態である。しかし，それでも2人で話して1人は聞くだけになってしまう危険性は残っている。そのため3人組でも学び合いを取り入れた最初のうちは，全員が話し合えるような3人組を教師が仕組んだり，全員参加しなくてはならないようなワークシートなどを用意したりして全員が参加できるような工夫をしていく必要がある。

　子どもたちが慣れてきたらいろいろな構成の3人組に取り組ませたり，作文の共同推敲など難しい課題に取り組ませたりすることもできるようになる。3人組で学び合いのよさを実感させ，多人数の学び合いへの基礎としたい。

3 ４，５人のグループでの学び合い

①４，５人のグループでの学び合いの特徴

長所　４，５人での学び合いの長所は様々な意見が出ることである。１人では思いつかないような意見も４，５人いれば思いつくことが多く，困難な課題でも対応できる可能性も多い。また生活班が４，５人である学級も多く，学校での集団生活と結びつけながら指導することができるという利点もある。また４，５人であれば音読劇など多くの人数が必要となる活動もできるようになり，活動の幅が広がってくる。４，５人では全員が同じことをしても活動は成立しないので，自然と役割分担が必要となる。そこではリーダーや司会が必要となり，それ以外の役割も当然出てくる。学び合いの中で自分が何をすべきか，考えて行動する力が付くのもこの人数の長所である。

短所　４，５人での学び合いの短所は，課題意識や役割分担が明確でないと，積極的に参加しない子どもが出てきてしまう可能性があることである。特に５人組では効果的に話し合うことは難しいのが実際である。またどうしてもこの人数ではリーダーや司会的な役割が必要となり，発言力の強い子どもがリーダーや司会をして話合いや活動を進めがちになってしまう。また交代して同じ活動をした場合，同じ活動を４回，５回繰り返すことになってしまい，多くの子どもが飽きてしまう可能性がある。

②４，５人のグループでの学び合いの留意点

　４，５人では同じことを交代して活動するのではなく，役割分担が必要な活動を行う際に取り入れると有効である。その際にはやはりリーダーや司会が必要となる。リーダーシップは協働的な問題解決には必要不可欠な能力である。発言力の強い子どもが独占することなく，全員がリーダーを経験できるようにしたい。またその際にリーダーには自分の考えを友達に押し付けるのではなく，全員がきちんと自分の意見を発表して，それぞれの役割で活躍できるように考えるよう指導したい。

4 クラス全体での学び合い

①クラス全体での学び合いの特徴

長所 本来であれば他にもいろいろな人数の学び合いがあるが、ここではよく行われているクラス全体での学び合いについて説明する。クラス全体の長所は何と言っても多様な意見が出るところである。クラス全体で意見を出し合うので、自分では気付かない意見が出てきて、友達の意見を参考に自分の意見を深めることもできるし、自分とは違う意見の人がいること、また自分とは似た意見の人がどれくらいいて、違う意見の人がどれくらいいるのかも知ることができる。またクラス全体で学び合うことは教師にとってクラスの子ども全員がどういう状態であるか把握しやすいという利点もある。またクラス全員で何か意思決定をする際には、クラス全員で決めたということを明らかにするためにクラス全体での学び合いを取り入れることは不公平感をなくすという点から有効である。

短所 クラス全体での学び合いの最大の欠点は子ども一人一人が発言したり活動したりする量が減ってしまうことである。クラス全体での学び合いでは全員が発言することは困難である。そのため学び合いに参加したふりをして、授業の最後に友達のよさそうな意見を自分の意見にして授業を切り抜けるということも可能になってしまう。またペアのような濃密なコミュニケーションができず、どうしても発言は1、2回になってしまい、自分が疑問に思ったことを相手に聞いたり、友達同士心が通じ合ったりしたというような実感はもちにくい。

②クラス全体での学び合いの留意点

このようにクラス全体ではどうしても一人一人の言語活動の量が減ってしまったり、コミュニケーションの量が減ってしまったりする。そのため教師や司会の子どもがクラス全体での学び合いになるように意図的に指名をするなどコントロールすることが重要である。

5 人数を教師が決めないグループでの学び合い

①人数を教師が決めないグループでの学び合いの特徴

長所 人数を教師が決めないグループとは，人数に関係なく，子どもが興味・関心や目的に合わせてグループを作って学び合うということである。例えば学校紹介リーフレットを書く際に，体育館を調べたい子どもが10人，教室を調べたい子どもが4人，グラウンドを調べたい子どもが8人というように，子どもが自分の調べたいことを調べるので，グループの人数が一定にならない。このグループでの学び合いの最大の長所は子どもの知りたいという興味・関心で分けるので，子どもの主体性を大切にした活動ができることである。教師の都合で子どものグループの人数を揃えようとすると自分が本当は調べたくないことを調べなくてはならない子どもが出てしまうので，人数を決めないことでそれを避けることができる。

短所 短所はグループによって人数が違うので，活動をコントロールできないことである。ペアになるところ，4人になるところ，10人になるところが出てしまい，それぞれのグループによって活動の質や量が変わってくる。

②人数を教師が決めないグループでの学び合いの留意点

　グループによって人数が異なるため，それぞれのグループによって活動の量や質が変わってくる。そのため教師が一つ一つのグループにあった指導の手だてを考える必要がある。具体的には人数が多いところであれば，グループ内に小グループを作ったり，人数が少ないところであれば1人あたりの負担がどうしても増えるので時間を多めに与えたりするなどの工夫が必要であろう。またこのような場合，各グループでのリーダーの役割がとても重要である。人数を定めたグループでの学習で，子どもにリーダーの経験を積ませ，このグループで何をすべきか自分で考えられるように育ててから取り組むとよいだろう。そのためこのような形態のグループ学習は高学年向きであると言える。

6
ペア・小グループとクラス全体を組み合わせた学び合い

①ペア・小グループとクラス全体を組み合わせた学び合いの特徴

ペア・小グループとクラス全体を組み合わせることで，それぞれの短所を補い合いながら学習を行うことができる。例えば以下の展開が考えられる。

全体→ペア・小グループ

まず全体での学び合いでこれから何をすべきかを明らかにする。全体で学び合うことで，ある子どもの気付きを全体に広げることが効果的にできる。そしてそれを生かしてペア・小グループで活動する。ずっと全体で活動するのではなく，途中からペア・小グループに変えることで自分たちの活動に集中して，深い学び合いをすることができる。まず広げてそれを全体の子どもに理解させ，その後それぞれの活動を充実して行うという授業になる。

ペア・小グループ→全体

まずペア・小グループでの学び合いを行い，十分に活動をする。ペア・小グループで活動する際には１人あたりの活動量が増え，充実した言語活動をすることができる。そしてその結果をクラス全体で共有するという流れになる。ずっとペア・小グループで学び合うと確かに深い学び合いがあるが，多様な意見には触れ合えないまま終わってしまう。そのため他のペア・グループの意見を知り，自分たちの意見だけが全てではないことに気付かせることが重要である。

②ペア・小グループとクラス全体を組み合わせた学び合いの留意点

このような学び合いの組み合わせをする場合，気を付けなければならないのは，時間配分である。２つの形式を取り入れるということは，その分，授業中の活動が増えるということを意味する。そのためメインの活動がどちらであるかを教師がはっきりと認識をし，そうでない活動はできるだけ時間を短縮することが重要である。またペアや小グループに移動する際の机の移動などをすぐにできるようにして無駄な時間がないように心がけたい。

2 構成別 学び合いの特徴と指導のポイント

1 同じ意見,興味・関心をもつ子ども同士の学び合い

①同じ意見,興味・関心をもつ子ども同士の学び合いの特徴

長所 同じ意見,興味・関心をもつ子ども同士の学び合いの最大の長所は同じ目標に向かって協力できるというところである。同じことを調べたり,考えているので,友達を見て自分の足りないところに気付いたり,友達にアドバイスを送ったりすることが容易にできる。そのため子どもたち同士で助け合って何かを発表するのに向いている学び合いの構成である。

また目標がはっきりしているので,目標に向かってそれぞれ自分のアイデアを出し合うことができる。またそのアイデアも目標に向かっての前向きなアイデアなので,「それ,いいね」というように友達の意見も受け入れやすく,学び合いのよさを実感できるので,学び合いの最初の段階としても有効である。

短所 同じ意見,興味・関心をもつ子ども同士なので,自分と違う意見,興味・関心をもつ友達がどう考えたのかを知ることができない。多様な意見に触れることができず,客観性のない意見になってしまう可能性がある。また自分とは異なる意見から見てどうか,という批判的な思考,多面的な思考をもつことも困難であり,そのような思考力を育てるには不向きである。

②同じ意見,興味・関心をもつ子ども同士の学び合いの留意点

先にも述べたように,同じ意見では多様な意見に触れにくいので,子どもが他のグループの活動を見れるようにすることが重要である。例えば授業の最初に,他のグループでの活動がどうなっているのかを紹介したり,空間的に近いところで活動させて自然と学び合いが起こるようにしたりすると,自分たちだけの狭い考えだけで動く子どもが減ってくる。

2
違う意見，興味・関心をもつ子ども同士の学び合い
①違う意見，興味・関心をもつ子ども同士の学び合いの特徴
　長所　違う意見，興味・関心をもつ子ども同士なので，多様な意見に子どもが触れることができる。そのため自分には思いつかなかった意見を知れたり，自分の意見の足りないところに気付いたりすることができる。また批判的な話合いになることもあり，論理的な思考力や多面的な思考力を育てることも可能になる。またその結果自分と違う立場の友達がどういうことを考えているのかを知ることもでき，多様性を受け止める姿勢も学ぶことができる。

　短所　自分とは違う意見，興味・関心をもつ子ども同士なので，同じ目標ではない場合や同じことを調べていない場合が多く，友達の活動を深く理解できない場合が多い。そのため友達にアドバイスを送って助け合うということは困難である。また批判的な話合いになることもあり，場合によっては子どもが勝ち負けにこだわり，何か新しいものを生み出すというよりは，反対のための反対になってしまうこともある。そのような場合には，論理的な思考力や多面的な思考力に結びつかなくなってしまう危険性もある。

②違う意見，興味・関心をもつ子ども同士の学び合いの留意点
　このような学び合いで最も気をつけなければならないのは，子どもが勝ち負けにこだわってしまうことである。違う意見，興味・関心をもつ子ども同士の学び合いや話合いは，勝ち負けではなく，なぜそのように考えるのかと尋ね合ったり，本当にそうなのかと多面的な立場から吟味したり，賛成・反対を乗り越えてその先に新しいものを創り出したりすることが大切であることを子どもに繰り返し指導していく必要がある。また違う意見，興味・関心をもつ子ども同士のグループでも，調べ方や表現方法など共通する部分もある。そのため違うところのみを強調するのではなく，共通部分はお互いに助け合ってそれぞれの目標を達成するという意識も子どもにもたせるようにしたい。

3
子どもが自分で相手を探して決める学び合い

①子どもが自分で相手を探して決める学び合いの特徴

長所　子ども自らが相手を探すので，子どもにとって最も学び合いたい相手，意見を聞きたい相手と学び合うことができるので，主体的・効果的な学び合いになる。教師がグループの構成を決めるとどうしても時間によって話す相手が決まってしまい，本当に意見を聞きたい人と学び合えず，無駄な時間ができてしまう。子どもが自由に相手を探す学び合いでは，自分の目的によって同じ意見の子どもとの学び合いをするか，違う意見の子どもとの学び合いをするかを選ぶことができ，学び合うことが終われば次の活動に移ることもできる。時間を効果的に使う上で有効である。

　また教師が決めた相手と学び合うだけでは，自ら学び合う相手を探すという姿勢が育たない。このような姿勢は実生活では必要な姿勢である。その始めの段階としてまず学級の中で，学び合う相手を探す姿勢を育てていきたい。

短所　この学び合いの大きな短所は，子どもが本当に効果的な学び合いをするかどうかが不透明なことである。子ども自らが相手を探すので，子どもが本当に学び合うべき相手と学び合わない場合もあるし，相手を探せずに学び合うことなく時間が過ぎてしまう危険性もある。また，普段から仲のよい子どもとばかり学び合ってしまうことも考えられる。

②子どもが自分で相手を探して決める学び合いの留意点

　子どもが学び合う相手を決めるので，子どもにどういう相手と学び合うべきか理解させることが大切である。例えば最初に同じ意見の人と学び合ってから違う意見の人と学び合うようにしましょう，というように選ぶ規準を明確に指導することが重要である。また，なかなか相手を探せない子どもには教師が最初は一緒に付き添って子どもに相手を見つけさせ，学び合う相手を見つけること，その友達と学び合うことのよさを実感させたい。また普段から誰とでも学び合えるような学級経営を心がけたい。

4
クラス外の同学年の子どもとの学び合い

①クラス外の同学年の子どもとの学び合いの特徴

長所　クラス外の同学年の子どもとの学び合いの長所は，自分たちが学んできたプロセスを知らない他者に伝えて，その反応をもらえるということである。例えばクラス内で読書のおすすめリーフレットを作ったとする。同じクラスではどのように作ったのかが分かっているので，おすすめをする目的意識が弱くなってしまう。そのため隣のクラスや他の学校の同学年の子どもに伝えることでその目的意識を強めることができる。また同学年であるので，相手意識によって表現を変えるという方向にエネルギーを使わずに済み，指導したい能力に集中させられるという利点もある。

　また同学年から反応をもらえるということも大きい。隣のクラスであれば実際に顔を合わせて，他の学校であれば手紙などで交流し，学び合うことは同じクラスにはない考えに触れることになるので，クラス内での交流より，多様な考え，意見に触れることができる。

短所　クラス外の同学年の子どもとの学び合いの短所は，深いコミュニケーションができないということである。クラス内であれば「あの子のこの発言はこういう意味だ」と子どもも理解しながら学び合うことができるが，他クラスであれば共有している時間が短いので，理解はどうしても表面的になってしまう。またそれが他の学校であれば手紙などからの情報だけになってしまい，ますます理解が表面的になってしまう可能性がある。

②クラス外の同学年の子どもとの学び合いの留意点

　多様な意見を知ろうとすればするほど，理解が表面的になることを教師は理解する必要がある。そのため他クラスや他の学校と学び合う際には，これがどういうプロセスで行われてきたのかを，ある程度相手の担任や子どもに理解してもらう必要があるだろう。また返事を書いてもらう際には，伝えてよかったと書いた子どもが思えるよう，配慮してもらうことも重要であろう。

5 異年齢の人との学び合い

①異年齢の人との学び合いの特徴

長所 異年齢の人とは，幼稚園・保育園の園児，下級生，上級生，中学生，高校生，大学生，学校外の地域の方，保護者などが考えられる。その人たちとの学び合いの長所は自分とは全く違う考え方に触れることができることである。自分とは違う立場の人はどんなことを考えているのか予測し，実際に交流することで，予想がどうであったか振り返ることができる。このような学び合いは相手を意識して表現・理解する能力や，自分とは考えの違う相手を受け入れる姿勢を育てることにつながると考えられる。

それから異年齢の人に伝えるという活動は，子どもの意欲を高めることが多い。教室の中のいわば模擬的な言語活動ではなく，学校行事や地域行事などと結びつけた実の場に生かせる言語活動では子どもの意欲が高まるし，言語活動が終わった後に実際に成し遂げた達成感を味わうことができ，またこの学習をしようという前向きな姿勢を身に付けることができる。

短所 短所は大きくわけて2つある。1つ目は相手との学び合いが表面的になってしまうことである。相手の方に伝えるのはおそらく1回であろうし，学校の様子も知らない方も多くいる中で，学び合うことは本当に困難である。2つ目は年齢が違うので，考えていることが伝わらないことがあるということである。世代による言葉や考え方の違いなどもあり，こちらが伝えたいことと，全く違う理解をされてしまう場合もある。

②異年齢の人との学び合いの留意点

異年齢の人との学び合いは実生活につながる大きな学びになるが，その分うまく行かなかった時の挫折感も大きくなってしまう。また相手の方が熱心になればなるほど，学習のねらいとそれてしまうこともある。そのため相手の方にきちんと子どもたちの学習経過を伝え，子どもが達成感をもてるような交流になるよう，事前にお願いしておくことが重要である。

6
同じ意見同士の学び合いと，違う意見同士の学び合いの組み合わせ
①この学び合いの組み合わせの特徴
　同じ意見，興味・関心をもつ子ども同士の学び合いは助け合いには向いているが，考え方が狭くなってしまうこともある。違う意見，興味・関心をもつ子ども同士の学び合いは多様な意見に触れることができるが，対立のまま終わってしまうこともある。これを組み合わせることでそれぞれの短所を補うことができると考える。

<u>同じ意見→違う意見</u>
　まず，同じ意見のグループで学び合う際に，違う意見との話合いのために準備をする。子どもたちは目的がはっきりしているので助け合ってしっかりと準備をすることができる。その後，準備したことをもとに，違う意見の子どもと話し合う。そうすると，しっかりと準備した話合いになるだけでなく，今まで自分たちには思いつかなかった違う立場からの意見を聞くことができ，同じ意見のグループでの学び合いの短所を打ち消すことができる。

<u>違う意見→同じ意見</u>
　まず，違う意見の子ども同士の話合いを行う。そのことにより自分たちとは違う立場の意見，多様な意見があることを知ることができる。その後，同じ意見の子ども同士の学び合いを行うことで，多様な意見をふまえた上で，自分たちの立場はどうするべきかを考えることができる。そのことにより，批判を受け止めた上での深い意見や，対立を乗り越えた新しい意見を考えることもできる。

②この学び合いの組み合わせの留意点
　どの順にせよ，授業の最後には対立を乗り越えた意見をもてるように教師が子どもを指導していく必要があるが，批判的な話合いのよさも実感させていくことが重要である。批判的に考えるということは相手を負かすということではなく，本当にそうなのか吟味することであるという指導が大切である。

3

タイプ別 学び合いの特徴と指導のポイント

　グループで協力して何か活動を行うことを協働的問題解決と呼ぶが，その中には様々な学び合いがある。その中には問題を発見すること，考えを広げること，考えをまとめて新しいアイデアを出すことがある。

1
協働的問題解決1・問題を発見する学び合い

①問題を発見する学び合いの特徴

　協働的問題解決をするためには，まず活動の中から問題を発見しなければならない。しかし1人では問題を発見することが難しい。例えば音読劇を1人でしたとしても，なかなか問題は発見できない。しかし，友達が自分と同じ文章を音読劇にしているのに，動きやセリフを言っている役，セリフの言い方が違ったとする。そうするとそこで何で違うのか，どちらがよりよいのかという問題が発見される。これが問題を発見する学び合いである。この問題を発見する学び合いは，違いを見つけることがきっかけになり，その違いを見つけるには他者が必要不可欠なのである。

②問題を発見する学び合いの留意点

　問題を発見する学び合いを支援するためには，違いを子どもが気付きやすくすることが有効である。そのための手立てとして以下の2つが考えられる。1つ目はそれぞれの思考を可視化することである。考えているだけでは相手に自分の考えが伝わりにくく，違いも気が付きにくくなる。そこで，実際に思考を文章や図に表したり，動作化したりして思考を可視化することで，自分と違う相手の表現に気付くことができる。2つ目は子どもに主体性をもたせることである。教師の言ったことのみを子どもが行うような学習では，子どもは違いに気付こうともしない。自分で探して解決していく姿勢を育てることは問題発見の基礎として重要である。

2 協働的問題解決2・考えを広げる学び合い

①考えを広げる学び合いの特徴

　協働的問題解決では，問題を発見していきなり解決するのではなく，まずどのような考えがあるのか広げた上で解決策を決めることが大切である。例えば音読劇で，この場面をどのように動作化するべきかが問題として発見された場合，1つ候補を出してそれに決めるのではなく，数多く候補を出してから決めた方がよい解決ができるケースが多い。そのような考えを広げる話合いでは，意見を自由に出していく話合いになる。しかも焦点を絞ることなく，どんどん思いついたことを話していく。また話す人も自分の立場から話し，多様な視点からの意見の出し合いになる。

②考えを広げる学び合いの留意点

　このような考えを広げる学び合いではいろんな意見が出るように工夫する必要がある。その工夫として3点考えられる。1点目は考えが広がるよう図などに考えたことを可視化することである。例えばウェビングマップがある。真ん中に書きたいことを書き，そこから自由に思いついたことを付け足していく。そのような思考を可視化するツールを出すことによって多様な意見が出るように子どもの思考を方向づけることができる。

　2点目は多くの意見が出るような資料を準備しておくことである。自分のもっている情報だけでは子どもも多様な意見を出すのは難しい。辞書や事典，インターネットなどから予め情報を集めておいたり，またいつでも情報を探し出せるようにしておいたりすると子どもも多様な意見が出せるようになる。

　3点目はできるだけ多様な意見が出るように全員が発言する機会をもつようにすることである。小グループでの学び合いと全体での学び合いを組み合わせるなどして多様な意見に子どもが触れられるようにしておくことが重要である。

3
協働的問題解決3・考えをまとめる学び合い

①考えをまとめる学び合いの特徴

　問題を発見した後，考えを広げ，その後考えをまとめて解決していく。音読劇で言えば，どう動作化するかという問題を発見し，そこからいろいろ考えを出して広げ，その中で実際に劇にする動作を決めていく，その決める段階がこの段階である。

　この学び合いは，意見を広げる学び合いとは異なり，思いついたことをどんどん自由に出していくというよりは，それぞれの選択肢を比較し，目的と照らし合わせながら決めていくことになる。

②考えをまとめる学び合いの留意点

　考えをまとめる学び合いでは，声の大きさや人間関係で子どもが判断しないように，決め方を明確にすることが重要である。そのために考えられる手立ては3つある。

　1つ目は，判断規準を定めることである。一番よいのにしなさい，という曖昧な指示ではなく，はっきりとした規準を示すことで，誰の意見だから，という決め方はなくなってくる。例えば林間学校で気を付けたほう方がいいルールを決めるには，全員が楽しめるように，という規準か，安全に過ごせるように，という規準かによって判断は変わってくる。言語活動の目的と重ねながら，子どもが規準を明確にもてるようにしていくことが重要である。

　2つ目は比較できるように選択肢を可視化することである。話し言葉だけで比較するのは困難なので，それぞれの意見を表に整理したり，動作で表してみたりすることで子どもは比較しやすくなる。

　3つ目は司会やリーダーの役割を指導することである。このような組織的な話合いは司会やリーダーの役割が重要になってくる。話題がそれたり，規準がずれたりするようであれば司会やリーダーがもとに戻すよう指導していくと意見がスムーズにまとまる。

4 交流での学び合い

①交流での学び合いの特徴

　学び合いには，協働的な問題解決だけではなく，コミュニケーション自体を目的としたものがある。交流活動やディベートのような討議がそれにあたる。ここでは交流について説明する。

　交流は基本的には，活動の最後に自分の表現を相手に受け止めてもらい，そこから感想をもらうという，コミュニケーションが目的となる。言語活動の途中でアドバイスをもらう行為を交流と呼ぶこともあるが，それは本書では協働的な問題解決として扱い，ここでは活動の最後のコミュニケーションを交流としてとらえる。このような交流では交流相手から評価や感想をもらい，自分の意見を伝えることになる。問題解決とは違い，あくまでお互い感じたことを素直に伝え合うことが目的となる。

②交流での学び合いの留意点

　先にも説明したように，交流の目的は感想を伝え合うことである。その際の留意点は3つあると考える。1つ目は交流の必然性である。交流しようと言っても子どもたちに交流する必然性がなければ本当のコミュニケーションにはならない。子どもたちが交流したいと思う相手や言語活動を設定することで，子どもの意欲を引き出していくことが有効である。

　2つ目は，交流の観点を絞ることである。子どもが自由に言うと学習の目的とずれてしまうこともある。例えば音読劇の感想を交流するとしたら，登場人物の動きに注目して感想を言いましょう，というように観点を絞ると学習の目的とあった交流になる。

　3つ目は交流した後に子どもが達成感をもてるようにするということである。言語活動の最後に達成感をもたせ，次の言語活動にも子どもが主体的に取り組めるように，交流の基本はよいところをほめることであることを子どもに指導することが重要である。

5
話合い自体が目的の学び合い

①話合い自体が目的の学び合いの特徴

　コミュニケーション自体を目的とした学び合いには交流と，話合い自体が目的のものもある。ディベートなどの討論会などがまさにそうであろう。これらの学び合いは話し合ったことを実生活に生かすことを目的とするよりは，論理的な思考を育てることが目的である。そのためジャッジを説得する，立場を変えてはいけない，という実生活の話合いとは異なったルールで行われることが多い。

②話合い自体が目的の学び合いの留意点

　このように話合い自体が目的の学び合いを指導する留意点は３つある。
　１つ目は子どもが話合い自体を楽しいと思うようにすることである。この種の話合いは何かを決めることを目的とした問題解決的な学び合いではないので，ややもすると，子どもによっては話合いの価値を見失いかねない。そのため，その話合い自体を楽しいと子どもが思えるようにすることが重要であり，いい意見やおもしろい意見などを教師が取り上げて子どもたちに充実感をもたせるようにしたい。
　２つ目は具体的なゴールを目指すわけではないので，自由に考えることができるという利点を生かし，自由な発想を子どもにさせるようにしたい。例えば自分が思っているものと違う立場になって話し合ってみたり，本当は反対ではないのに反対意見を言ってみたりするなど，模擬であるということを生かした話合いになるようにしたい。
　３つ目は論理的思考力が身に付くように指導することである。あくまでこの種の話合いは結果ではなく，プロセスが重要になってくる。そのため指導するポイントは子どもがどのような論理展開を行ったかである。その反対意見は反対になっていない，であるとか，根拠が明確でない，などのポイントを意識して指導したい。

（細川太輔）

Chapter3 実践編
主体的・協働的な学び合いのある学年別・国語授業プラン

第1学年

多様な考えに触れる低学年のグループ学習

単元名：２年生にどくしょゆうびんをとどけよう

時期：２学期　領域：書くこと　時間数：全５時間
言語活動：おすすめの本を紹介する文章を書く
関連教材：「カードにかいてしらせよう」「おはなしどうぶつえんをつくって，本をしょうかいしよう」（教育出版１年下）

・・・・・・・・・・・・・・・・・・・ 1 ・・・・・・・・・・・・・・・・・・・
学び合いのポイント

　１年生においては，ペアでの話合いを基本とし，少しずつ３人組（トリオ）を取り入れていくようにしたい。学級全体など，多人数の話合いでは，自分の意見をなかなか言えない子どももいる。自信をもって，自分の考えを相手に伝えられるようにするためには，まずペアでの話合いを十分に経験させる。そして自分が伝えたことを相手がしっかりと受け止めてくれる経験を積んだ後で，３人組（トリオ）に広げて，新しいアイデアや方向性に触れる機会をもたせていきたい。２学期後半から３学期にかけては，３人組（トリオ）で話し合う経験をもたせていくことも必要である。３人組（トリオ）で話し合う際には，どの順番でどんなことを話し合うのか，ある程度の型を示して，自分たちで進められるように指導するとよい。

・・・・・・・・・・・・・・・・・・・ 2 ・・・・・・・・・・・・・・・・・・・
単元のねらいと概要

　本単元では，入学した時から生活科の「学校探検」「朝顔の種のまき方を教えてもらう」などの活動でたくさんかかわりをもっている縦割り班の２年生の子どもを相手として設定する。10月の読書月間で２年生から１年生に読み聞かせをしてもらったお礼に，自分もおすすめの本を紹介したいという意欲をもち，手紙形式の紹介文を書く活動につなげた。用紙を往復はがきの形式にし，書いた相手から必ず返事がもらえるように設定した。

|付けたい力|
○集めた事柄から,伝えたい事柄を選ぶ力
○相手を意識し,簡単なまとまりを考えながら紹介文を書く力

3
主な評価規準

○紹介したいことを選び,内容のまとまりごとに分けて,書く順序を考えながら書いている。　　　　　　　　　　　　　　　　（書くこと　ア・イ）

4
単元のイメージ

学習形態

第〇次
縦割り班ペア2年生とふれあい活動をしたり,読書に親しんだりする。
○読書あつめカードに読んだ本をおすすめ度とともに記録する。
○「カードにかいてしらせよう」で,本のおもしろかったところ,すきなところ,おどろいたところを「～が～する(した)ところ」の形で書く。
○「おはなしどうぶつえんをつくって,本をしょうかいしよう」で動物が出てくる本を楽しんで読む。
○読書月間で縦割り班のペアの2年生から読み聞かせをしてもらい,お話を楽しむ。

第一次

ペアで,2年生に本を読んでもらった時の気持ちや感想を伝え合う
↓
学級全体で,学習のめあてを確認し,学習計画を立てる

第1時　学習の見通しをもつ。
○2年生に読み聞かせをしてもらったことを想起し,2年生に紹介はがきを書くという学習のめあてをもつ。
・この前,2年生に本を読んでもらったから,お返ししたいな。
・いつもお世話になっている2年生に,自分のおすすめ本を教えたい。
○2年生に書く紹介はがきに,どんな内容を書いたらいいか考える。

個人 ↓	第一次	課 外　2年生に紹介したい本を探す。 ○読書あつめカードを見直して、「おはなしどうぶつえんをつくって、本をしょうかいしよう」で読んだ本など、おすすめしたい本を探す。
全体での話合い →個人での活動 ↓	第二次	第2時　2年生に紹介するために書いた方がよいことを考え、取材メモを書く。 ○2年生に紹介はがきを書くために、どんな内容を書いたらよいか考える。 ・本の題名は書かないと分からないね。 ・おすすめのところは絶対に入れないといけないね。 ・最後に「一緒に読みましょう」などお誘いの言葉があるといいよ。 ○自分が選んだ本のおすすめのところに付箋を貼り、取材メモを書く。
3人組（トリオ）で自分が選んだメモについて友達の考えを聞く ↓		第3時　取材メモを書き、選材をする。（本時） ○2年生に紹介するための取材メモを書く。 ○書いた取材メモから選材する。 ○選材したものを交流し、選んだものがよいかどうか考える。
個人 （時々ペア） 		第4時　前時での交流をもとに、紹介はがきを書く。 ○相手を意識して、簡単なまとまりを考えながら紹介文を書く。
第3時の3人組（トリオ）でまず交流 →その他の友達とペアで交流	第三次	第5時　書いた紹介はがきをお互いに読み合い、よさを伝える。 ○書いたものを読み合い、よいところを見つけた感想を伝え合う。
	単元後	2年生に紹介はがきを届け、一緒におすすめ本を読み、その後返事をもらう。

5
本時の流れ（3時／全5時間）

時	学習活動	指導上の留意点
5分	○前時までの学習を振り返り，取材メモを見直す。　　　　　　**ポイント①**	前時に書いた取材メモから，いろいろな観点で書けている子どものメモを2つ程度選び，紹介する。
	2年生にとくにおすすめしたいところをきめよう。	
5分	○理由を考えながら，特におすすめしたいところを1つ選ぶ。 ・いくつかの中で悩んでいる。 ・これにしようと決めている。	自分で選ぶことが難しい子どもには，個別指導を行う。
20分	○選材したものを交流する。 ・決めたことについて，友達から共感される。 ・友達から自分とは違う別の考えを聞く。 ・迷っていたことについて，友達の考えを聞く。 　　　　　　**ポイント②③**	動画で交流のしかたのモデルを示す。 子どもの実態をふまえて，意図的な3人組（トリオ）を作っておく。 3人組（トリオ）になった友達のおすすめの本を本時までに読んでおくようにする。
10分	○取材メモの中から書くことを決め，特におすすめする理由を書き加える。	早く書けた子どもを交流コーナーに呼び，ペアでお互いのメモを読み合えるようにする。 　　　　　　**ポイント④**
5分	○本時の学習の振り返りをする。	

6
効果的な学び合いにするポイント

ポイント①　新たな考えを意図的に紹介し，学級全体で共有する

　「カードにかいてしらせよう」や第2時で確認した「おすすめのところ（やさしいところ，どきどきするところ，かわいいところなど子どもから出て確認してあるもの）」以外にないか全体で交流をする。新しい観点を見つけて書いている取材メモを実物投影機で映して紹介することで，「自分もその観点で探してみよう」「他にも新しい観点はないかな」など，新しい考えへと思考を促すことにつながる。このような場合には幅広く多様な意見が必要なので，全体での交流を行う。またここでは全体の交流を授業の最初に行う。前時の最後に交流をしても子どもは覚えていないことが多い。そのため無理にまとめずに，次時の最初に交流することは子どもの集中力の面からも有効であると考える。

ポイント②　交流の観点をしっかりと理解できるように，動画でモデルを示す

　交流の内容を1つに定めず，子どもの実態に応じて2つに分類して示すことにした。この場面では，2つのパターンの交流になる。1つ目は，2年生に特におすすめしたいところが自分の中で1つに決まっているが，友達にどこを選ぶかを参考に聞く交流である。2つ目は，いくつかの取材メモの中からどれを選ぼうか迷っているので，友達に意見を聞きたいという交流である。この2つの種類の交流を口で説明するだけでは，子どもの中にイメージが伝わらず，せっかくの交流が意味をなさない。交流を意味あるものにするためには，子どもの中に交流をするがイメージがなくてはならない。そのため，実際に教師が演じた交流のモデルを動画で見て学ぶようにする。映像で見せることで，自分たちの活動のイメージがはっきりとし，説明の時間も短縮することができ，活動の時間をしっかりと保障することができる。このように交流の内容を1つに決めずに多様な交流を認めることで主体的な学習になる。

ポイント③　グループメンバーを意図的に構成し，話合いが円滑に進むようにする

　１年生でも，全員にしっかりと話合いの経験をさせたい。「話すこと・聞くこと」の技能については，個人差が大きいので，Ａ（話すのが得意），Ｂ（普通），Ｃ（話すのが苦手）という子どもをバランスよく組み合わせてメンバーを構成することが必要となる。特にＣ（話すのが苦手）という子どもに対しては，話し方のお手本となり，Ｃの子どもが話せない時には優しく促してくれるようなＡの子どもを配置するようにしたい。また，低学年の内に，どの友達と一緒のグループになっても，気持ちよく活動ができるような受容的人間関係も普段から育成しておく必要がある。

ポイント④　早くできた子どもに友達のよさを見つけたり，推敲したりする場を用意する

　書くことの学習では，個人の活動になった時に早く終わる子どもとなかなか終わらない子どもとの差が生まれる。早く終わった子どもには，友達と多くの交流をさせたい。友達が書いたものを読むことによって，自分だけでは気付かなかった新たなよさに気付き，自分の書いたものをもう一度振り返ることができる。教師は，「書き終わったら，自分の書いたものを見直しなさい」とよく言ってしまいがちであるが，それだけでは子どもに見直しをする必要性を感じさせることはできない。しかし，友達と交換して読み合う中で，友達から「これはどういう意味なの」と聞かれることによって，「言葉が足りない」「この言葉では伝わらない」ということに気付かされる。また，友達のよりよい表現に自然と触れる中で，「そうか，こんなふうに書けばいいのか」ということに気付く。子どもにとって意味のない見直しの時間を，有効な交流へと変えていけるとよい。

　その際に交流の説明をするためにクラスの授業の流れを止めると，まだ終わっていない子どもが混乱してしまうことがある。早く終わった子どもは交流コーナーに行くようにし，そこで説明した紙をはっておくなどして，自分

で何をすべきか考えて動けるように指導したい。

7
評価の工夫

①交流したよさの実感

　ペアや3人組（トリオ）など，友達との交流を行うことによって得られるよさを教師が具体的に言葉にして，子どもにフィードバックしていく必要がある。それを繰り返すことによって，交流するとたくさんの学びがあると，子どもが実感することができる。

・「いいね」「私もそう思う」
　→友達に自分の考えを聞いてもらって，共感してもらえた。
・「なるほど」「思いつかなかった」
　→自分では思いつかない新しい考えを知ることができた。
・「これで分かる？」「～だから，こう思った」
　→友達に説明していたら，考えが深まった。

②めあてに対する振り返り

　本時のめあてをしっかりと子どもに意識させた上で授業を展開し，その時間の最後にはしっかりと今日の活動がどうだったのか，振り返る時間を設けたい。1年生でも，以下のような雛形を提示すれば，言葉にして振り返りをすることができる。

・～するのをがんばりました。　　　・～がよくできました。
・～がよく分かりました。　　　　　・～するのがむずかしかったです。
・○○さんの考えがいいと思いました。・つぎは，～をがんばりたいです。

　各自，一言でよいので，振り返りカードを書かせておくと，後でじっくりと評価し，次時の支援に生かすことができる。振り返りの質を高めるには，めあてにそって具体的に振り返りができている子どもを全体の場で紹介した

り，教師がモデルを提示したりすることを継続していくとよい。

③ポートフォリオ

　取材メモ，下書きなど，全て取っておき，最後に活動を振り返ることができるようにする。特に，2年生に渡す紹介はがきは，自分の手元に完成した形が残るように，コピーをしておくとよい。

　紹介はがきは往復はがきの往信面の宛先の裏に2年生への手紙を書く（下図参照）。返信面には2年生に返事を書いてもらう。

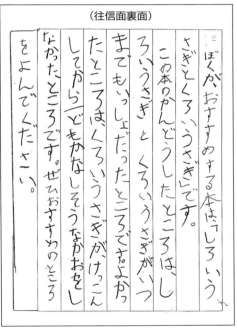

2年生に書いた紹介はがき

（矢作朋子）

子ども一人一人が役割意識をもてる
マトリックス型グループ交流

単元名：１ねん１くみげきだん！

時期：２学期　領域：読むこと　時間数：全10時間
言語活動：音読劇
教材：「りすのわすれもの」（教育出版１年下）

······················· 1 ·······················
学び合いのポイント

　交流・話合い活動では，それぞれの子どもが目的意識や必然性をもつことが肝要である。それらがないと，交流の場にただいるだけとなってしまうことも多い。一人一人の子どもが参加への意欲を高めることができるように，役割や目的を異にした複数のグループに所属する，マトリックス型グループ交流の場を設定する。本単元では，「親グループ」と「課題別グループ」の２つの話合いの場を設定し，話合い活動における子どもそれぞれの目的意識を明確にした。親グループの活動を充実させるために，課題別グループでの学びをもって帰ることが必要になるため，役割意識をもたせることもできる。

······················· 2 ·······················
単元のねらいと概要

　本単元では，学級に５つの劇団をつくり，同じ教材を劇化する。それぞれに役が割り振られ，１つの「劇団（親グループ）」を形成する。さらに「役グループ（課題別グループ）」もつくる。親グループの中で解決できない事柄や迷っている事柄について，同じ役で集まって話し合う形をつくる。完成した劇は，休み時間を利用して学校・保護者に向けて公開をする。

付けたい力
○大事なことを落とさないように聞く力
○話し合った事柄について，友達に伝わるように話す力

.... 3 ....
主な評価規準
○「りすのわすれもの」を登場人物の気持ちや場面の移り変わりに気をつけて読んでいる。 　　　　　　　　　　　　　　　　　　　　　（読むこと　ウ）
○自分の役割について意識をもって友達と相談をして劇をつくっている。
　　　　　　　　　　　　　　　　　　　　　（話すこと・聞くこと　オ）
.... 4 ....
単元のイメージ

学習形態	次	時	内容
	第一次	第1時	学習の見通しをもつ。○登場人物や場面を確かめる。
親グループ ↓ 親グループ 課題別グループ ↓ クラス全体 （学級会議） ↓ 親グループ →課題別グループ ↓ 親グループ ⇔課題別グループ	第二次	第2時	やりたい役を選んで，「劇団」をつくる。○自分の役の台詞や出てくる場面を確かめる。
		第3時	「劇団」で，一度通して読む。
		第4時	「課題別グループ」で話し合う。○「親グループ」にもどり，報告と意見交流をする。
		第5時	学級全体で話し合う。○それぞれの劇団から出ている意見や疑問，劇全体の演出などについて話し合う。
		第6時	「親グループ」と「課題別グループ」で話し合う。（本時）○「親グループ」で話題について確かめ，「課題別グループ」で話し合う。
		第7・8時	「親グループ」で，前時の報告をし，劇の練習をする。○必要に応じて，「課題別グループ」での相談の時間をとる。
	第三次	第9時	劇の発表会を行う。○学級内発表。全校に向けては，課外に行う。
		第10時	単元の振り返りをする。

5
本時の流れ（6時／全10時間）

時	学習活動	指導上の留意点
5分	○前時の内容について確かめる。 　　　　　　　　　　ポイント①② ○本時のめあてを確認する。 せりふや，えんぎについて，やくグループで話し合おう。	前時の黒板写真をのせた，ワークシートを配布する。
15分	○「親グループ」で「課題別グループ」で，どのようなことを相談してくるか確かめる。 　　　　　　　　　　ポイント③ ・くるみのおじさんは，「えらそう」に言うようにしたのだけど，聞いてみてどうだったかな。 ・くるみのめの声のかんじはどうだったかな。 ・さんたのえんぎについて，もう少しそうだんをしてくるよ。	劇団の中で一度通して教材文を声に出して読み合わせる。それをもとにして，「課題別グループ」で相談することを決められるようにする。
20分	○「課題別グループ」で話題について話し合う。 　　　　　　　　　　ポイント④ ・劇団の友達から，こんな意見をもらったのだけど，どう思うかな。 ・くるみのおじさんは，「えらそう」というよりも，「りっぱそう」だと言われたよ。	話合いを記録するためのワークシートを配布する。 適宜グループの話合いに入り，役に対する理解が深められるようにする。
5分	○次時に，「親グループ」に報告することと，話し合いたいことをまとめる。 　　　　　　　　　　ポイント⑤	

6
効果的な学び合いにするポイント

ポイント①　学びの積み重ねを整理し，共有する

　本単元では，グループの話合いのためにワークシートを作成し，配布をしていた。回収したシートの内容は一覧にし，次時に子ども全員に配布をした。お互いにどのようなことを話しているのかを共有する目的とともに，これまでにどのようなことを話し合ってきたのかを，子どもが必要に応じて振り返れるようにするためである。

　話合いで避けなければいけないのは，これまでの経緯がおざなりにされ，毎回の話合いがゼロから始められてしまうことである。子どもたちは柔軟な思考をもっているため，その場でのひらめきも多い。「ひらめき」によって話合いが一気に進むこともあるが，それは，これまでの積み重ねの上に立ったものである場合である。

　子どもの考えを一覧にする際には，こちらで子どもの考えを分類・整理をしておく。子どもが，自分の考えは誰と近く，誰と異なるのかが，それによってよく分かるようにするためである。同時にこれは，教師にとっても子どもの思考を把握することにつながる。また，一覧には，教師からの助言も合わせて伝えるようにするとよい。評価であり，指導の場面ともなる。

ポイント②　子どもの学びを解釈し，次の学びにつなげる

　前時は学級全体で，3人の登場人物について話し合った。取り上げたのは，次のようなグループの役である。
・話合いの内容が固定化してしまっていて，新しい視点をもたせたいと教師が考えたグループ。（くるみのおじさん役）
・話合いが停滞しており，次時以降の話合いを活性化させたいと教師が考えたグループ。（くるみのめ役）
・活発な話合いがなされており，他グループに刺激を与えてほしいと教師が考えたグループ。（さんた役）

これらの把握は，活動の様子と先述した子どものワークシートの記述から行っている。
　「くるみのおじさん」グループの子どもは，「えらそう」という言葉で人物像をとらえていたが，全体での話合いから，その言葉で表現することのそぐわなさを感じることができた。「えらそう」というラベルを貼ってしまったがために，「穏やかな年長者」という像を自らぼかしてしまっていたことに気が付いたのである。
　「くるみのめ」グループは，意見を言うよりも，聞く側に回ることの多い子どもが集まっていたため，自分の意見に自信をもてないことも停滞の要因としてあった。けれども，学級全体で話題としたことで，役への責任が生じ，これまでの考えてきたことを伝えることができた。友達からの意見についても，自分たちで叙述を根拠にしながら応えていた。意見を言わないことは意見がないこととイコールではない。
　「さんた」グループは，演技がかなり出来上がっていたため，全員の前で考えていた演技を披露させた。実際の演技を見たこともあり，具体的な感想や意見が子どもたちから出された。一方で，場面の様子や前後の文脈への意識が十分でないという課題もあった。しかし，そのことについても，「ここはもっとはらぺこのはずだから，もう少しおなかがすいている感じにした方がよい」といった提案から，考えることができた。

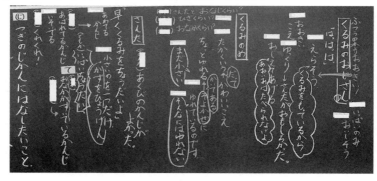

前時の板書

子どもの学びを解釈しておくことで，指導の視点が明確になる。

ポイント③　子どもの表現は，理由を問うのではなく，どう受け止めたのかを伝える

　子どもが読み取った事柄を音声や演技を通して表現した時，「なぜそのように表現をしたのか」を問いたくなるのではないだろうか。けれども，それはあくまで子どもの読みや考えを知りたい，もしくは評価をしたいという教師の思考である。
　「今の言い方は，やさしそうに聞こえたよ」
　「とても元気がよさそうに動いていたね」
　「とっても早口に台詞を言うのだね。急いでいるように思ったよ」
　このような声かけをすると，わが意を得たりという顔をする子どももいれば，反対に，自分はそんなつもりではなかったのになという顔をする子どももいる。後者の場合，子どもは自らの読みと意図を自然と話し出す。教師から尋ねる必要はないのである。さらに，自分の表現と考えの間に差異があることが分かった子どもは，自ら別の表現方法を求めるようになる。それが役グループでの相談にもつながる指導になる。
　理由を問うのではなく，受け止め方を伝えるというのは，教師だけがすることではない。日ごろから，学級の子どもにもそういった伝え方をさせていくことで，子どもたちの「表現を変えていくための耳」を育てることにもつながっていくのである。

ポイント④　メモを取らせる時間を決める

　1年生にとって，何かを書くというのは大変な作業である。話合いをしながらメモを取るというのはとても難しい。書くことに集中するあまり，話合いに十分に参加ができなくなってしまう。そのため，メモを取る時間を決めるのである。最初の3分に，本時で話し合うことを書かせる。その後は，鉛筆を置かせ，話合いに集中させる。

また，台本への書き込みなど，即時性が求められる事柄については，全員で書くように指導する。メモを取っている子どもと，新しいことを考えている子どもとの思考に差が出ないようにするためである。大切なのは話合いの結果であるので，早く書き終えた子どもが手伝ってもよいだろう。

ポイント⑤　報告することは，「～について」「～すること」の形でまとめる

　メモは短く書くようにさせる。けれども１年生にとって，物事を短くまとめるということはなかなか難しい。そこで，文末を示すようにする。「～について」「～すること」という２つの文末を使うと，自然と箇条書きの形になる。

　「台詞の言い方について」のように，やや具体性にかける記述をしている時は，「１場面の台詞だよね」と声かけをするとよい。

　ここでも時間を決めておくようにする。時間の目安は，学級の半数程度が書き終えられることである。まだ途中の子どもがいても一度区切る。その後に，「確認タイム」として，書き終えた子どものものを写す時間を設けるようにする。

7
評価の工夫

①子どもそれぞれの参加姿勢を見つめる

　話合いでは，全員に同じ役割を求める必要はない。仮に，全員が司会のように動いてしまっては，何も決まらなくなってしまう。積極的に意見を言っていく子どもがいれば，聞き役に回る子どももいるだろう。最初は友達の意見を聞き，中盤から語り始める子どももいる。

　子どもがグループの話合いに，どのような姿勢で臨んでいるのかをよく見つめ，それに応じた評価をするようにしたい。しかし，どんな姿でも一定の評価をするのではなく，単元目標や本時の目標に照らし合わせた上での評価規準をつくる必要がある。

　本単元では，次に示すような評価規準をもって，子どもたちの話合いにお

ける姿勢を評価した。

> ・積極的に意見を言う子どもに対する評価
>   →自分の意見だけを押し付けず，友達の話も聞いている。
> ・聞き役に回っている子どもに対する評価
>   →話し合った内容をグループの友達に伝えている。
> ・中盤から話し始める子どもに対する評価
>   →友達の意見をふまえて，考えを話している。
> ・友達の意見をまとめようとしている子どもに対する評価
>   →それぞれの意見のよさを見つけながら話している。

②**聞いている姿を認める**

　話合いというように，「話すこと」が大切であるが，聞き手を育てることもまた重要である。友達の方を向いて，頷いたり，あいづちをうったりして，友達の話をよく聞いている姿を認めていくようにする。時折，聞き手に回っている子どもに「あなたはみんなの話を聞いてどう思っているの」と尋ね，その子どもが意見を言う場面を保障するようにするとよい。

マトリックス型グループ交流のイメージ図

	課題別1	課題別2	課題別3
親1	A児	B児	C児
親2	D児	E児	F児

〈参考文献〉
教育出版株式会社編集局『小学国語通信　ことばだより　2013秋号』教育出版（2013）

（福田淳佑）

読み書き関連単元での学び合い
効果的なペア学習

単元名：秋のおもちゃのせつ明書を作ろう

時期：3学期　領域：読むこと，書くこと　時間数：全11時間
言語活動：説明書を書く
関連教材：「きつつき」(教育出版2年下)

····················· 1 ·····················
学び合いのポイント

　ペアでの学習は，対話の一種である。対話とは，一人一人が相対して行う話合いであり，聞き手が話し手となり，話し手が聞き手となるという役割交代によってコミュニケーションが成り立つ。

　つまり，話し合うことの多くの形態の中で対話は最も基本的な形である。そのため，低学年のうちに対話，つまりペアでの学習をたくさん経験しておくことにより，中・高学年でのグループやクラス全体での話合い活動にもとても有効に作用する。

　しかし，書くことの学習では一人一人が黙々と書いていたり，読むことの学習ではクラス全体で詳細に読み取っていたりしていて，うまく学び合いが作用していない場合がある。

　そのような場合，ペア学習を取り入れることにより，読み書き関連単元での学び合いがより深まる。

····················· 2 ·····················
単元のねらいと概要

　分かりやすい説明書を作るために「きつつき」を事物の作り方の手順に沿って読み，「あきまつり」で作成した秋のおもちゃの説明書を作って，1年生にプレゼントするという単元である。

　「きつつき」は，日常で出会う説明書の初歩を学ぶ学習材である。番号や

小見出しを付けながら内容を整理したり，作る時の注意を簡潔に述べたりするなど，叙述上の工夫が多く見られる。写真も参考にしながら「きつつき」を読み，実際にきつつきのおもちゃを作るとより書かれていることを理解しやすいと考える。

　そのため，まず，1年生にとって分かりやすい説明書を作るために，説明書の工夫を見つけながら読む学習を行う。そして，見つけた説明書の工夫は，秋のおもちゃの説明書を書く学習に生かされる。

　学習材から読み取ったことを生かして説明書を書いたり，説明書を書くために学習材を読み取ったり，読むことと書くことの複合単元にすることで説明する力を高めていきたい。

　説明書を作るという言語活動には，相手意識が重要である。読んでもらう相手を1年生と設定することで，相手によく伝わる書き方を工夫しようとし，意欲も高まるであろう。

　また，秋のおもちゃの説明書の作り方を知るために，学習材を読み取る目的もはっきりする。完成した秋のおもちゃの説明書は1年生にプレゼントし，「書いて知らせる」ことができる，自分が書いたものを読んで相手が理解し，「作ってみたい」と思ってくれるという喜びをぜひ体験させ，自信へとつなげたい。

付けたい力
○おもちゃ作りの順序に沿って，説明書の構成を考えて書く力
○おもちゃの説明書を書くための参考にしながら読む力

3 主な評価規準

○自分のおもちゃの説明書に必要な事柄を集めたり，おもちゃ作りの順序に沿って，説明書の構成を考えて書いたりしている。　　（書くこと　ア・イ）
○おもちゃの説明書を書くための参考にしながら，写真と文とを照応させながら読んでいる。　　　　　　　　　　　　　　　　　（読むこと　イ）

4 単元のイメージ

学習形態		
	第0次	秋のものでおもちゃを作って遊ぶ「あきまつり」を開き，1年生を招待する。
学級全体 ↓	第一次	**第1時** 学習課題を理解し，学習の見通しをもつ。 ○秋のおもちゃの説明書を作るという学習課題を理解し，学習計画を立てる。
個人 ⇔ペア ⇔学級全体 ↓	第二次	**第2～6時** 実際にきつつきのおもちゃを作って「説明書の工夫」を見つけながら学習材を読む。 ○「説明書の工夫」を見つけながら読む。(**本時①**)　　　　　　　　　　　　　　　　　　　　　　　(2～4時) ○実際にきつつきのおもちゃを作ったり動かしたりしてみて付け足した方がいい言葉などを考える。　(5・6時)
学級全体 ⇔ペア ⇔個人	第三次	**第7～11時** 自分達で見つけた「説明書の工夫」を使って秋のおもちゃの説明書を作る。 ○秋のおもちゃの説明書に必要な事柄を集める。　(7時) ○おもちゃ作りの順序に沿って，説明書の構成を考える。 　　　　　　　　　　　　　　　　　　　　　　(8時) ○秋のおもちゃの説明書を書く。(**本時②**)　　(9時) ○書いたものを互いに読み合い，推敲する。　(10時) ○清書し，写真なども貼って完成させる。　　(11時)
	課外	1年生にプレゼントする。

5
本時の流れ①（3時／全11時間）

時	学習活動	指導上の留意点
10分	○前時までの学習を振り返り，本時の学習課題を確認する。　**ポイント①**	
	「説明書の工夫」を見つけながら「きつつき」を読もう。	
15分	○学習材を音読し，「説明書の工夫」を見つけてサイドラインを引く。全文を拡大した掲示物に「工夫マーク」を貼り，ペアで交流する。　**ポイント②**	自分のおもちゃの説明書に使うと分かりやすくなるのはどんな工夫か考えさせる。
15分	○見つけた「説明書の工夫」を全体で話し合う。　**ポイント③**	どんな工夫があるか，子どもが気付いたことを項目として整理しながら板書する。
5分	○本時の学習を振り返り，次時の学習の見通しをもつ。	

本時の流れ②（9時／全11時間）

時	学習活動	指導上の留意点
10分	○前時までの学習を振り返り，本時の学習課題を確認する。	
	「説明書の工夫」を使って，自分の説明書を書こう。	
30分	○「説明書の工夫」を使って，自分の説明書を書く。　**ポイント④**	必要に応じて取材や構成に戻ってよいことを伝える。
5分	○本時の学習を振り返り，次時の学習の見通しをもつ。	**ポイント⑤**

6 効果的な学び合いにするポイント

ポイント①　単元のゴールを意識させ，本時の学習課題を明確にする

　教師のモデルや学習計画表などを示し，単元のゴールである「1年生に秋のおもちゃの説明書を作ってプレゼントする」ということを意識させながら学習できるようにするとともに，本時はどの部分の学習なのかも確認できるようにする。

　また前時までのねらいに沿って読み取っている子どもを紹介し，これまでの学習を振り返る。その際，前時で出た「説明書の工夫」も取り上げ，本時のねらいにつなげていく。そうすることで主体的に学習材を読めるようになるとともに，その後のペアでの学習活動も自分から進んで相手を見つけていくようになる。

ポイント②　全文を拡大した掲示物を利用してペア学習を行う

　学習材を音読し，「説明書の工夫」を見つけたらサイドラインを引く。そして，全文を拡大した掲示物に，自分のおもちゃの説明書に使いたい工夫が見つかったら「工夫マーク」を貼り，自分で相手を見つけて交流する。例えば，「はじめに，上の①のしゃしんのように，エナメル線を竹ひごにまきつけます。」という文を選んだ子ども同士で交流しても，「はじめに」という順序を表す言葉に着目した子どももいれば，「①のしゃしん」という写真と文との対応に着目した子どももいるので，互いにどこに着目したのかを交流する。そうすることによって，「説明書の工夫」にも様々あることに気付くことができる。また，自分が「工夫マーク」を貼らなかったところに「工夫マーク」を貼った子どもと交流することにより，新たな「説明書の工夫」が見つけられる。反対に，自分でなかなか「説明書の工夫」を見つけられない子どもも，既に「工夫マーク」を貼っている子どもと交流することにより，友達との交流を参考にして最終的には自分で「説明書の工夫」を見つけられる。全文を拡大した掲示物により，意図的な交流が生まれる。

ポイント③　全体で話し合うことでペア学習の成果を実感させる

　全文を拡大した掲示物に貼ってある「工夫マーク」をもとに，どんな工夫があるのか全体で話し合う。その前の学習活動で様々なペアと交流しているので，多くの「説明書の工夫」が見つかるとともに，ペアで交流したことで積極的に発言する子どもも増え，ペアでの学習の成果がより実感できる。その際，項目毎に整理しながら板書しておくと，自分の説明書を書く時にもペアで「これを使っていていいね」，「この工夫を使うといいんじゃない」と話しやすくなる。

ポイント④　意図的なペアで全員がねらいを達成できるようにする

　書くことの学習では，すらすら書ける子どもと書くのに時間がかかる子どもがいて，個人差が大きいことがよくある。そこで，すらすら書ける子ども同士，書くのに時間がかかる子ども同士でペアを組むのではなく，意図的にすらすら書ける子ども

と書くことが苦手な子どもとでペアを組むことにより，書くのに時間がかかる子どもはすらすら書ける子どもの記述を参考にすることができ，すらすら書ける子どもは書くのに時間がかかる子どもにアドバイスして理解を深めることができて学び合いが生まれるようにする。また，常に相談できる相手がいることで，安心して学習に取り組める。

ポイント⑤　往復する学習過程で個に応じた学習を促す

　書くことの学習過程では「課題設定→取材→構成→記述→推敲」のように決まった一連の流れの通りに授業が進んでいくことが多いが，子どもの思考の流れを考えると，本時が「記述」だったとしても途中で「取材」が足りないことに気付いたり，ペアの友達からアドバイスをもらってもう一度「構

成」を考えたりする場合がある。そこで，必要に応じて，いつでも取材や構成に戻れることを伝えておくと個に応じた学習となり，子どもが主体的に学習を進めるようになる。

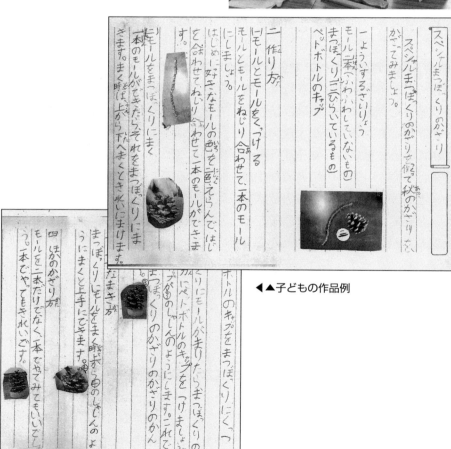

◀▲子どもの作品例

7 評価の工夫

①「座席表型子どもの見取り図」で個に応じた指導を

　座席表を活用し，その子どもが前時まではどのような様子で，本時はどのような姿になってほしいかとその支援などを具体的に記入しておく。全員分を記入するのはなかなか難しいかもしれないが，特にその時間に見たい抽出児のみを座席表に記入しておくだけで45分間という短い時間の中でも指導→評価→指導→評価…という個に応じた指導が行える。

②毎時間の教師による評価と指導の手立て

　学習計画表に振り返りを書くスペースを設け，毎時間授業の振り返りを書かせる。そこに，毎時間ごとに記述した文章のよいところを認めたり，交流の様子を取り上げたりして励ましや賞賛の教師のコメントを添えることで子どもの学びを価値付けていく。また，それをもとに一単位時間の導入でどの子どもの作例や振り返りを取り上げるかを考えたり，個別に指導が必要な子どもを見つけたりするのに役立てていく。

③実感がもてる自己評価

　第二次では，学習材を読んで「説明書の工夫」を見つけるが，その際実際に「きつつき」のおもちゃを作ってみたり動かしてみたりすることで，「説明書の工夫」が実感を伴って分かりやすい，自分でも使おう，という自己評価になる。また，単元の終末では，秋のおもちゃの説明書を書き，１年生にプレゼントする。１年生から感想をもらったり，お礼を言ってもらったりすることで，「書いてよかった」という書くことの成就感を味わったり，「また書いてみたい」という次への意欲につながったりする。　　　　（筧　理沙子）

交流して相談し，お話を作るペア活動

単元名：お話をつくって紙しばいをしよう

時期：2学期　領域：書くこと　時間数：全7時間
言語活動：お話づくり
関連教材：「お話のさくしゃになろう」（光村図書2年下）

························· 1 ·························
学び合いのポイント

　子どもは，自分の考えたことやできたことを，人に聞いてもらったり，褒めてもらったりしたい思いを強くもっている。しかし，低学年の子どもは，多人数の話合いの場では，発言ができなかったり話が逸れたりしてしまうことがよくある。
　2人組または少人数の交流をすることで，相手の話を集中して聞き，質問したり，よさを伝え合ったりできる。

························· 2 ·························
単元のねらいと概要

　本単元では，言語活動として「紙芝居を作って1年生に読み聞かせること」を位置付けた。
　想像したこと等から，登場人物を決め，簡単な話を考えて書く。自由に空想し想像の世界を膨らますことができるこの時期の子どもの特性を生かし，楽しみながら学習に取り組めるようにした。また紙芝居を3枚で構成することで，「初め」「中」「終わり」の構成を意識しながら，つながりのある文章を考えることができる。

|付けたい力|
○「初め」「中」「終わり」のまとまりのある文章を書く力
○書いた文章を交換して読み合い，感想を伝え合う力

3
主な評価規準

- 登場人物を設定し，出来事や会話を想像している。　　　（書くこと　ア）
- 「初め」「中」「終わり」を考えて，物語を構成している。（書くこと　イ）
- 場面の様子がよく分かるように人物の行動や会話のつながりを考えて書いている。　　　　　　　　　　　　　　　　　　　　　　（書くこと　ウ）
- 読み返し，間違いに気付いたところを正している。　　　（書くこと　エ）
- 物語を読み合い，よいところを見つけて感想を伝え合っている。

　　　　　　　　　　　　　　　　　　　　　　　　　　（書くこと　オ）

4
単元のイメージ

学習形態

学級全体で場面の様子の整理をし，お話を作る
→お話づくりで大切なことを皆でまとめる

↓

1人で考える
→2人組の伝え合い

↓

2人組での推敲

↓

第一次

|第1時| 課題をつかみ，見通しをもつ。

○本単元では「1年生が楽しめる手づくり紙しばい」を作ることを知り，単元の学習計画を立てる。
○話の例文を読み，見通しをもつ。

|第2時| 話の書き方を知る。

○短い話を皆で作り，話の書き方を知る。

第二次

|第3時| どんな登場人物にするか考える。

○登場人物の名前や人物像を考え，ペープサートを作る。

|図工| 紙芝居の「中」の場面の絵を描く。

○「中」の場面の絵を描きながら，話を考える。

|第4・5時| どんな話にするか考え，話を書く。（本時）

○場面の絵の上でペープサートを動かしながら話し，どんな話にするか考える。
○話したことをもとに話を書く。

|第6時| 推敲し，清書をする。

○出来上がった話を声に出して読み，間違いを正したり，必要な事柄を書き足したりする。

	○清書をし，紙芝居の裏面に貼る。
グループでの聞き合い	第三次 　第7時　紙芝居を読む練習をする。 ○声の大きさや間などに気を付けて読む。 ○学級の友達と読み合い，よいところを伝え合う。
	活用　○1年生に紙芝居の読み聞かせをする。

································ 5 ································

本時の流れ（4時／全7時間）

時	学習活動	指導上の留意点
3分	○学習の流れを確認する。	
	とう場人ぶつをうごかして，どんなお話にするか考えよう。	
7分	○ペープサートでのお話作りを紹介し，動かし方を知る。　　　　　　　ポイント②	教師がペープサートを動かすことで，活動を思い描くことができるようにする。
30分	○1人でどんなお話にするか考える。　　　　　　　　　　　　ポイント①	生活経験を振り返り，具体的な場面を想起できるよう声かけする。よかったところやアドバイスを伝え合うよう声かけする。
	○2人組になり，「初め」「中」「終わり」に気を付けて，考えたお話を聞かせ合う。　　　　　　　　　ポイント①③④ ○話の内容が決まった子どもから，話したことをもとに話を書く。　　　　　　　　　　　　　ポイント⑤	話の内容が決まった子どもから，書き始めるよう指示する。学習過程を柔軟にし，子どもが自分のペースで学習を行えるようにする。
5分	○本時の学習の振り返りをする。	

6 効果的な学び合いにするポイント

ポイント① 自分に合った活動をするために,学習過程を柔軟に設定する

　子どもは一人一人学習の速度が違うため,一斉指導で進めると,早くできて時間を持て余す子どもや,考えがまとまらないうちに次の段階に進まなければならない子どもが出てしまう。前者は,自分の作ったお話を早く聞いてもらいたいのに,次に進めないことで意欲が低下してしまうことがある。また後者は考えがまとまっていないことで自信をもって友達に話すことができず,やはり意欲が低下してしまうことがある。

　そこで本時の学習では,以下の学習過程を授業の中に柔軟に組み込むことで,一人一人が自分に合ったペースで学習に臨めるようにした。

1．1人で話を考える
↕
2．友達と話を聞き合い,よいところやアドバイスを伝え合う
↕
3．話したことをもとにお話を書く

　じっくりと1人で考えることで,自信をもって交流に臨み,楽しみながら活動することができる。また,何度でも相手を変えて自分の話を聞いてもらったりすることで,自分の考えた話に自信をもって書き進められるようになる。自分で納得するまで考えたり,友達によいところを認められたりした話を楽しみながら書くことで,生き生きとした文章を書くことができるのである。このように教師が時間を決めて交流させるのではなく,自分が満足したら交流に進むというような子ども主体の学習にしていくことで自然な学び合いが生まれる。

ポイント②　想像を豊かに広げるための教具を工夫する

　今回の単元では，子どもが想像を豊かに広げられるように，自分で考えた登場人物のペープサートを作成し，それを場面の絵の上で動かして話を考えることができるようにした。お話を頭の中で考えるのではなく，実際に動かしながら口に出すことで，自分の書きたい話を明確に想像したり，友達に分かりやすく伝えたりすることができる。このペープ

サートのように思考を可視化するようなツールがあることで，友達に考えを伝えやすくなり，学び合いも活性化する。

ポイント③　自分の考えたお話を，自信をもって書き始めるための自由なペア交流をする

　自分のお話を考えた子どもは，同じように1人で考え終わった子どもと2人組になり，互いの話を聞かせ合う。その際，相手の話を聞いた時には，よいところやアドバイスを伝えるように指示しておく。子どもは，自分の考えたお話を他の人に聞いてほしい思いを強く抱いているが，1人で考えただけでは自信がもてない子どもも中にはいる。友達に聞いてもらって「いいね」と言われたり，もっとよくなることをアドバイスとして伝え合ったりすることで，話の内容が固まっていく。相手を変え，自分が納得するまで話を聞かせ合うことで，自分の作ったお話により自信がもてるようになり，「書きたいな」という意欲につながっていくのである。

　また低学年ということもあり，交流する時には否定的な意見は言わないようにした。否定的な意見は自信をなくし，「書きたくないな」という意欲の低下につながっていく。日頃から相手のよいところを探し，友達の考えを否

定することがないよう継続した学級指導をすることで，学び合うことは楽しいことだ，よいことだという実感をもたせたい。

実際の交流例

A 「あるところににょろきちがいました。にょろきちは
『ああ，いい天気だなあ』
と言いました。」
B にょろきちって何の動物なの？
A へびだよ。カラフルなの。
B じゃあ，それも言ったほうがいいね。
A そっか。
「あるところににょろきちというカラフルなへびがました。にょろきちは天気がいいので森にくだものを取りに行くことにしました。…

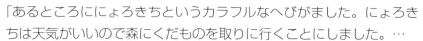

（中略）

『ああ，たくさん食べておなかがいっぱい。今日はいい日だったなあ』
そう言って，おうちに帰りました。めでたし，めでたし。」
B にょろきちがくだもの食べるのがおもしろかったよ。いろいろなくだものが木から落ちてきて，びっくりしたよ。
A 楽しいお話が書けそうだな。聞いてくれてありがとう。

（この後，BがAに話す。）

A 聞いてくれてありがとう。
ほかの友達にも話してみようかな。

ポイント④　途中で話合いを一旦停止し，全体で話合い方を確認する

　本時の中ごろで一旦話合いを停止し，ペアでの交流の仕方を再確認する時間をとる。机間指導をする中で，話の流れを分かりやすく考えられている子どもを見つけておき，全体の場で作った話を発表させる。どんなところがよかったかを他の子どもが見つけ，発表することで，お  話を作る時や交流する時の大切な観点を改めて全体で共有することができる。それにより，話をうまく組み立てられなかった子どもも，見通しをもって活動を進めることができた。また，友達の話を聞く時の視点を絞ることができ，学び合いを効果的にする手立てにすることもできた。今回の授業では，お話にはつながりがあることと，会話と地の文があることを確認した。

ポイント⑤　書き始める子どもが参考にできるような例文の用意をする

　友達と交流し，どんな話にするか決まった子どもから，マス目ではなく罫のみのワークシートに考えた話を書いていく。文章を書くのに時間がかかる子どもは，書き出しからつまずいてしまう場合が多いため，例文を掲示しておき参考にできるようにした。掲示した例文は，1次の第2時で，絵をもとに皆で考えた話である。第2時では，書き出し方として，3つのパターンが子どもから上がり，皆で共有した。

　　・登場人物の紹介から始まる（あるところに○○がいました。○○は…）
　　・場所の説明から始まる（あるところに○○という森がありました。…）
　　・昔話のように始まる（むかしむかし，あるところに…）

　このように全体で話し合ったことを残しておくと，支援の手立てとなる。

7 評価の工夫

①毎時の振り返り

子どもが毎時の感想や，次回に頑張ることなどを記録することで，活動への意欲を継続させたり，教師が一人一人の状況を観察して声かけできるようにしたりした。このことにより子どもの学習の実態を把握し，指導に生かすことができる。

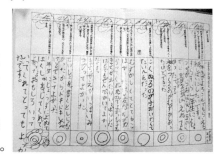

②座席表の工夫

座席表には，子どもがどんな登場人物を考え，どんな場面の絵を描いて話を考えているかがすぐに分かるように，記録をしておく。そうすることで，机間指導中，交流の途中からでも子どもの話の内容を評価することができる。また，1．会話文を入れているか　2．つながりのある話を考えているか等，評価したいポイントを見取ってすぐに書き込めるよう，あらかじめ記号や記し方を決めておくとよい。このような理由から，座席表の工夫は子どもの学び合いに対するアドバイスをする際にも有効となる。

③評価を指導に生かす個別の声かけ

評価したことを子どもへの指導に生かせるよう，机間指導等を通して個別の指導を丁寧にすることが大切である。どの子どもも自信をもって取り組めるよう，肯定的な言葉を中心に，声かけをしていく必要がある。

また机間指導は子どもが書けているかどうかという規準だけで行うのではない。有効な交流になっているかどうかについても見ていく必要がある。子どもの交流がうまくいっていない場合には何が原因かを座席表などから判断し，的確な指導を考えていく必要がある。

（後藤夏美）

第3学年

小グループで内容面に着目した推敲

単元名：大好き！わたしたちの渋谷区〜渋谷区の魅力を紹介しよう〜

時期：2学期　領域：書くこと　時間数：全8時間
言語活動：紹介文を書く
関連教材：「気になる記号」（光村図書3年上）

---------- 1 ----------
学び合いのポイント

　3年生になり，「書く」学習では，自分の文章をよりよい文にするために，書き終えたら推敲をするという学習を続けてきた。しかし，誤字脱字ばかりに目が行き，内容面の推敲をすることはなかなか難しかった。そのため，この時期，個人での推敲だけではなく，3人組で友達の文章を読んで読み手として相手にアドバイスをするという活動を本単元では取り入れた。その際に，「アドバイスカード（あらかじめ友達の文章にアドバイスを書き込んだもの。）」を用いた。事前に友達の文章を読むことで，誰もが自分の意見をもち，交流に取り組むことができるようにした。また，内容面に着目しアドバイスができるような交流の観点を子どもに提示し，交流の観点をもとにアドバイスを書くようにした。

---------- 2 ----------
単元のねらいと概要

　本単元では，「大好き！わたしたちの渋谷区〜渋谷区の魅力を紹介しよう〜」という言語活動を設定した。子どもたちは，社会科の学習で自分たちが住んでいる渋谷区にはいろいろな施設や歴史的建造物があることを知り，渋谷区にはにぎやかな場所だけではなく，自然豊かな場所や歴史を感じられる場所もあることを学習した。しかし他区の子どもはにぎやかな渋谷区は知っていても，自然豊かな渋谷区，歴史ある渋谷区を知らないであろう。そこで本単元では，渋谷区のおすすめの場所を「渋谷区の魅力」とし，他の区に住

む同年代の子どもに紹介文という形で伝える。書いた紹介文を他の区の友達に紹介することで，自分たちの住む渋谷区のよさを再確認することや，目的をもって活動に取り組むことができる。

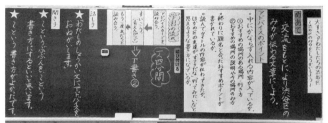
◀学び合いのポイントを示す板書

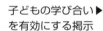
子どもの学び合い▶を有効にする掲示

付けたい力
○自分の伝えたいことが明確になるように，段落相互の関係に注意して構成を考える力
○書こうとする事柄の中心を明確にし，目的や必要に応じて理由や事例を挙げて書く力
○文章の間違いを正したり，よりよい表現に書き直したりする力

.... 3 ....
主な評価規準
○報告文における段落の役割を理解し，自分の伝えたい渋谷区の魅力が明確になるように，文章を構成している。　　　　　　　　（書くこと　イ）
○伝えたいことの中心を明確にし，理由や事例を挙げて報告文を書いている。
　　　　　　　　　　　　　　　　　　　　　　　　　　　（書くこと　ウ）
○文章の間違いを正したり，友達からのアドバイスをもとに，よりよい表現

に書き直したりしている。　　　　　　　　　　（書くこと　エ）

4
単元のイメージ

学習形態		
学級全体で想起する	第0次	○町たんけんや社会科の学習を振り返る。 ○他の区の友達が書いた，紹介文を紹介する。
↓		
学級全体で例文を確認する	第一次	第1時　学習計画を確認し，今後の見通しをもつ。例文を読み，書くポイントを見つける。
↓		
学級全体で取材内容を例文から確認する		第2時　紹介する場所を決める。取材内容と取材カードの書き方を確認する。 ○取材は保護者の協力を得ながら，課外で行う。（10日程）
↓		
3人組で構成メモをもとに，交流をする		第3時　取材したことをもとに，構成を考える。 第4時　構成メモをもとに，下書きをする。 第5時　友達の下書きを読み，アドバイスの観点に沿って読み，アドバイスを書く。
↓		
3人組でアドバイスカードをもとに，交流をし，推敲をする		第6時　アドバイスカードをもとに，友達同士交流をする。 （本時） 第7時　推敲をもとに，紹介文の清書をする。
↓		
3人組で読み合い，感想を付箋に書く	第二次	第8時　完成した紹介文を読み合い，感想を伝え合う。 ○完成した紹介文を他の区の3年生に送り，感想をもらう。

5
本時の流れ（6時／全8時間）

時	学習活動	指導上の留意点
3分	○前時までの学習で、友達の下書きにアドバイスを書き込んだことを振り返る。　　**ポイント①** ○本時のめあてを確認する。	事前に同じグループの友達の下書きにアドバイスを記入しておく。
	交流をもとに、より渋谷区のみ力が伝わる文章にしよう。	
40分	○交流の仕方を確認し、3人グループで交流をする。　　**ポイント②**	交流の観点に沿って交流をする。（1人4分）
	交流の観点 ・「中」に必ず入れる内容が入っているか。 　①おすすめの場所のある場所，行き方 　②おすすめの場所の説明や、その場所の魅力 ・「終わり」に題名と合ったおすすめポイントが書かれているか。 ・読んで、題名の内容が伝わってきたか。 ・他の区の友達が「すてきだな」「いってみたいな」と思えるような書き方になっているか。	
	○交流をもとに、自分の紹介文を推敲する。 ○推敲をもとに、再度交流をする。	推敲をする際は、青鉛筆で直したり、付けたしたりする。
	アドバイス内容が文章に入っているか。文章がよくなっているのか確認をする。	
2分	○学習の振り返りをする。	

6
効果的な学び合いにするポイント

ポイント① 事前にアドバイスする内容を書き込み，意見をもち交流に取り組む

　前時では，同じグループの友達の下書きを配布し，交流の観点に沿ってアドバイスを友達の下書きに書き込んだ。交流の観点には，渋谷区の魅力を伝えるために必ず文章に入れておかなければいけない内容と，読み手となって友達の文書を読んだ時に，魅力が伝わるような書き方の2点を入れた。

　いきなり本時でアドバイスを行うのではなく，あらかじめ，前時に下書きに目を通し，アドバイスを書き込んでおくことによって，3人組で交流をした際に，自分の意見をもち話合いに参加することができる。また，普段なかなか交流で自分の意見を述べることが苦手な子どもに対しても，自信をもち自分の意見を述べることができる。

ポイント② グループ編成を工夫し，全員が交流に参加できるようにする

　交流をする際に，グループの人数は3〜4人が適切である。本単元の交流の場面では，常に3人組での交流を設定している。また，今回は，交流の内容により，グループ編成をしている。

　取材後の交流の場面では，自分と同じ場所を選んだ子ども同士や，なるべく似ている場所を選んだ子ども同士を同じグループにした。そうすることにより，自分の取材の不足を補うことや，友達の意見を取り入れて再度取材することができると考えた。

　その後の，構成の交流や下書きの交流に関しては，全く違う場所を選んだ子ども同士を同じグループとした。そうすることで，読み手の立場に立って，より相手に伝わるためのアドバイスをすることができると考えた。

　目的によって，グループ編成を工夫することはとても効果的である。

アドバイスカード

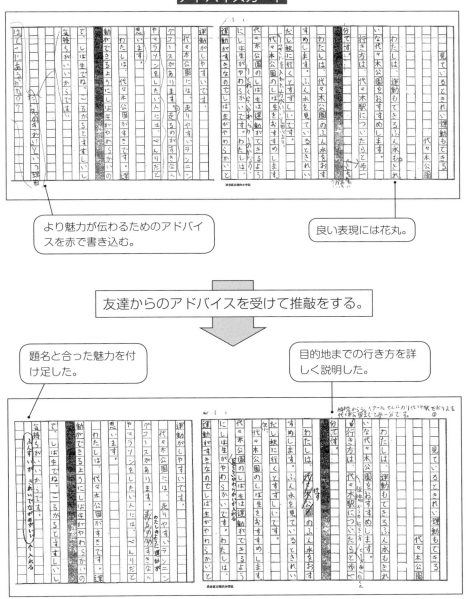

- より魅力が伝わるためのアドバイスを赤で書き込む。
- 良い表現には花丸。

友達からのアドバイスを受けて推敲をする。

- 題名と合った魅力を付け足した。
- 目的地までの行き方を詳しく説明した。

7
評価の工夫

①毎時間の細かな評価規準の設定

　毎時間B規準（本時の目標に達している）を定めるだけではなく，B規準に満たない子どもへの支援，B規準からA規準へするための支援，Aの評価規準を指導案に例示する。全員がB規準に達成するような具体的支援を確実に行うことができるようにした。

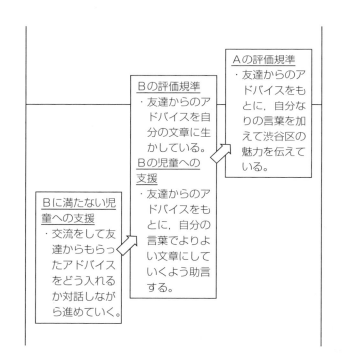

　このように評価規準や支援を明確にすることにより，多様な子どもの実態に応じながらも，付けたい力を確実に子どもが身に付けられるよう，具体的な手立てを打つことができるようになる。

②座席表に基づく支援の具体化

　座席表を用意し，一人一人への支援を明記する。そして，机間指導を行いながら，適切な支援を行うことができるようにした。

大好きわたしたちの渋谷区　―渋谷区の魅力が伝わる文章を書こう―						座席表	
B…友達からのアドバイスを自分の文章に活かしている			A…友達からのアドバイスをもとに，自分なりの言葉を加えて渋谷区の魅力を伝えている				
A	B	C	D 交流をして，友達からもらったアドバイスをどう入れるか対話して進めていく	E	F	G 友達からもらったアドバイスを文章に活かすよう話しながら進める	
H	I 友達からもらったアドバイスが分からない時は，友達に尋ねるよう指導する	J	K	L	M	N	
O	P	Q	R	S	T	U	
V	W 交流をして，友達からもらったアドバイスをどう入れるか対話して進めていく	Z	Y	Z	1	2	

　座席表に子どもの活動を記録し，個別の子どもに対応できるようにしていく。その際に評価規準を明確にしておくと評価規準に対応した評価を即座にすることができ，すぐに指導することができる。

　また座席表に子どもの実態や支援を書き込んでおくと，どの子どもとどの子どもを学び合わせるかも見えてくる。学び合いを有効にする手立てとしても座席表は有効である。

③実感としての自己評価

　紹介文が完成したら，クラスの友達と読み合い，感想を伝え合う。さらに，子どもが書いた手紙と一緒に他区の友達に送り紹介文を読んでもらい感想をもらう。これらの活動が，今後の生活の中で自分たちが生まれ育った地域「渋谷区」のよさを実感し，郷土を愛する心情を培うとともに，子どもの書く意欲や発信する喜びにつながると考える。

　　　　　　　　　　　　　　　　　　　　　　　　　　　　　（尾久由有子）

第3学年

同じ興味・関心をもった子どもたちの小グループでの学び合い

単元名：理由やれいをあげて説明しよう

時期：前期　領域：書くこと　時間数：全10時間
言語活動：こん虫図かんを作ろう
関連教材：「生き物のとくちょうをくらべて書こう」（教育出版3年上）

1 学び合いのポイント

　低学年から中学年に上がり，周囲の行動へ関心が高まる時期に入りだす。しかし同じメンバーで3年間過ごしているので決まった範囲での会話は必要最小限の語彙で済んでしまうことが多い。3年生になると，低学年の経験をもとに，自分の気付いたことやアイデアを一早く発信し，伝えたいという場面が増える。

　自分の気付きを相手の人数に応じて伝える方法や，相手の気付きを自分と比べることが求められてくる。そのため，この時期の学び合いにおいては，「2人」「3人」「4から5人」「テーマごと」などの相手や目的に応じた場の設定が必要になってくる。また，相手意識をもち，完成したイメージを描いて自ら進んで書き上げることも重要となる。その際には，書き上げる作品が，身近な話題になるように実生活を取り入れ，学び合いを有効に行っていきたい。

2 単元のねらいと概要

　本単元では，友達に知らせたいと思う生き物の特徴を図鑑等で調べ，図を用いた説明文として書く学習である。完成までに数回，子ども同士でグループ活動を行わせることができる。グループで交流をすることにより，一層相手を意識した説明文になる。メモの取り方，事実を正確に記録する観察力や記述力・説明力などが身に付くなど実生活に生かせる力を育てるだけでなく，継続的に繰り返すことで学び合う力を育てることにもつながる。

|付けたい力|
○書こうとする文の中心を明確にし，目的に応じた説明文を書く力
○書いた文を交流し合い，書き手の考えについて意見を述べ合う力

3
主な評価規準

○書こうとする説明文の中心を明確にし，目的や必要に応じて理由や事例を挙げて書いている。　　　　　　　　　　　　　　　　（書くこと　ウ）
○書いた説明文を交流し合い，書き手の考えの明確さなどについて意見を述べ合っている。　　　　　　　　　　　　　　　　　　（書くこと　カ）

4
単元のイメージ

学習形態		内容
学級全体で 目的を確認 →グループで 見通しを確認	第一次	第1時　これまでの経験から，何を調べるか決める。 ○昆虫図鑑を手に取り，調べたい生き物を出し合う。グループごとに話し合い，学習の見通しをもつ。ある程度，詳しく調べたい生き物を明確にする。
↓ 図書室でグループ ↓	第二次	第2・3時　特徴を調べ，友達と相談する。 ○1つ1つの生き物ごとに，調べたことをメモに書く。 ○図書館の本で調べたい生き物の特徴を調べる。 ○比べてみたい生き物をいくつか選び，同じように特徴を調べる。友達同士で資料の相談やアドバイスを行う。
学級全体 →グループ →各自 ↓ 隣席 →グループ ↓		第4・5時　発見メモをもとに，助言をし合う。 ○必要なメモを選び，組み立てメモを作る。 ○特徴の共通点や相違点をもとに，自分が分かったことをまとめ，友達と助言し合う。 第6時　グループで読み合い修正を行う。 ○組み立てメモを自分で見直した後，グループの友達に読んでもらい修正する。グループで交換しながら，内容として足りないと思う点や不必要な点などを伝え合う。 ○よい点についても交流させる。

学級全体 →グループ ↓	○情報交換しやすいようにグループを組む（特徴ごと）。 第7時 例文の書き方をグループで調べ，書き方を学ぶ。 ○教科書の「直した組み立てメモをもとに書いた文章」を読み，説明文の書き方を調べる。 ○修正版と完成版を比較する。 ○言葉の使い方，問いかけの言葉，つなぎの言葉，まとめる言葉をグループで学ぶ。
学級全体 →各自で確認 →隣席で助言 →各自で修正 ↓	第8・9時 友達と助言し合い，下書きを清書する。 ○下書きを音読し，不自然なところは表現の修正を行う。友達に聞いてもらい助言をし合う。 ○直した組み立てメモをもとに，横書きの文の書き方に注意して説明文を書く。
グループで 読み合う	第10時 友達の作品を読み合い，感想を伝え合う。（本時） ○友達の作品を読み，内容や表現についてよいところの感想を付箋で伝える。 ○もらって嬉しかった感想を発表する。

第三次欄: 第10時は第三次に属する。

本時の流れ（10時／全10時間）

時	学習活動	指導上の留意点
3分	○前時までの活動を振り返る。　　　　ポイント① ○本時のめあてを確認する。　　　　　ポイント⑦ 　説明文を読み合って，内容や表現について感想を伝え合おう。	次の経験を意識させ，本時に生かす。 　　　　　　　　　ポイント⓪
12分	○書き上げた説明文をグループ（生活班）ごとに読み合う。相手の考えや内容でよかった点を付箋に書いて，伝える。 　　　　　　　　　　　　　ポイント②	完成まで協力してきたグループの友達の説明文を読み，自分とは異なった生き物の特徴の

5分	○付箋に書いたことをグループ内で伝え合う。	内容について感想を伝え合うよう意識させる。
3分	○読み手の説明文の仕上がりを確認し，自分の説明文との気付きや工夫を比較する。　**ポイント③**	読み合う際の観点を内容面，表現面で確認させる。
12分	○書き上げた説明文をグループ（生き物の特徴）ごとに読み合う。相手の考えや内容，表現の工夫で良かった点を付箋に書いて，伝える。　**ポイント④**	自分と同じだったり，違ったりする表現について感想を伝え合うよう意識させる。
5分	○付箋に書いたことをグループ内で伝え合う。	
5分	○単元の目標である完成した説明文を友達と読み合うことができたか，特徴を比べた説明文を書くことができていたか，グループごとに振り返る。　**ポイント⑤**	今後の実生活へ生かせるようグループで活動させる。　**ポイント⑥**

6
効果的な学び合いにするポイント

ポイント⓪　計画的に学級指導や他教科で学び合う関係を指導していく

　書く学習に入る前から，書く題材に触れさせ，身近な存在にしておくことが効果的である。また，書く単元は個人の学習にとらえがちであるがグループ活動を取り入れることは必要不可欠である。そこで，０次（本単元に入る前の手だて）には，１学期が始まってから計画的に進めていくことが必要になる。例えば，子どもの書く力に差が生じている場合は，低学年で行ってきていた絵日記などの内容を日常的に用いて書く機会を増やしていくことでその差を縮めることができる。

　また他教科で発表や学び合いを取り入れることで，身近な出来事を書いて伝えたいという意欲，学び合いたい，感想を伝え合いたいという意欲を育て

ることができる。例えば３年生から始まる理科での「昆虫調べ」での生き物の観察や，チョウやヤゴなどの飼育をグループで行ったりするとよい。生き物が成虫になって空へ放す時などは，子どもは学び合いのよさを実感できるであろう。

　学級指導としても伝え合い，学び合うことを繰り返し指導している。ミニカードで同じ班の友達のよいところを書いて伝えることを積み重ねたり，日直は朝の会で30秒スピーチを行い，その後，その内容から質問を出したりしている。また，帰りの会では友達のよかったところを発表して伝えている。発表する側と聞く側の聴き合う関係も身に付いている。

 ポイント①　学ぶ楽しさを経験したことを共有する

　０次の段階から，書く題材を身近なものとして自然に受け入れることができるように活動をしてきた。活動を振り返り，自らの積み重ねとともに，グループのみんなが作品を完成させることができた喜びを味わうとともに，単元の目標まで辿り着いたことを確認する。

 ポイント②　身近になっている相手へ伝えることで，全員が参加しやすくなる

　日頃から隣席で２人組の確認を行うことを増やしておくことで，相手意識をもてるようにしておく。身近な行動範囲を基本にしながらも，前後の席にも広げて，２人から３人で順に話合いをできるように積み重ねてきた。今回は５人程度の生活班で活動を行う。２人に比べ，安心して発言したり助け合ったりしながら意見交換がされる。生活班のグループなので，書き手と読み手の調べた特徴は異なる場合が多くなる。付箋によかったところを書いて残すよう指導した。

 ポイント③　助言を入れることで，目的を振り返る

　ポイント②では，主に「初めて知った」「上手に書けたね」などの観点のはっきりしない感想が多くなりがちになる。そこで，次のポイント④に向け

て，自分が調べた生き物の特徴同士の説明文を読んで，自分と同じだったり，違ったりする表現について感想を伝え合うよう目的を意識させる。

ポイント④　相手意識の幅を広げることで，自信をもって参加しやすくなる

　先のポイント②では，生活班で意見交換を伝え合ったが，ここでは，同じ生き物の特徴を調べた子ども同士で話合いをする。そのことで，自分が書き手となった生き物を友達が同じ視点や，異なる視点で書き上げたりしていることに気付き，書くことの楽しさを自然と感じることができる。ポイント②の時にはなかった，自信をもった発言や意見交換ができ，活性化されると考えた。ポイント②の時と色を変えた付箋に良かったところを書いて残せるようにし，学び合いによってどう変わったのかはっきりと分かるようにした。

ポイント⑤　単元全体の学習の目的を達成できたかグループで振り返る

　書き始めた時に，友達に読んでもらうという相手意識をもって取り組んでいる。学習のまとめでは，個での振り返りと合わせて，振り返りも相手に伝えることで自分の学びを客観的に評価できると考える。

ポイント⑥　学習したことを実生活に生かす

　「収集した資料を効果的に使い，説明する文章などを書くこと」の力を付けるために書いたことを実生活に生かすことは有用である。出来上がった説明文は，協力したグループと他のグループの子どもと交流して，意見を述べ合うことで，横書きで図付きの説明する文章が出来上がる。メモの取り方，書く技能の習得，事実を正確に記録する観察力や記述力・説明力や，学び合う力を今後実生活や他教科で継続的に繰り返すことで定着させていく。

ポイント⑦　ICTの活用

　書画カメラやプロジェクターを使用して，手作りワークシートの記入の仕方やイメージ，子どもの絵や文などを映し出すことを行った。教科書をその

まま拡大することもできるが，同じ内容のものでも，教師自身の手作りにすることで手作りのワークシートが身近な教材へと一気に変身し，子どもの学び合いを効果的にすることができる。

7
評価の工夫

①グループごとの気付きに着目

　本時の中で全てのグループを詳細に評価していくのは困難である。そのためすぐに評価できるよう，目標になる付けたい力を指導者自身が明確にしておく必要がある。欲張ってしまいがちだが，書く単元では，基本的に紙面上に残るので，安心できる面もある。次時以降で作品の変化を比べて読み取ることができるので，グループ活動時は，子どもたちの発言の気付きや反応に絞って評価していきたい。

②可能な限り時間内で同じ内容のことができるようにする

　どうしても進度にはばらつきが生じる。また欠席などで子どもが学習に参加できない場合もある。個で書き上げることは勿論だが，グループで交流しながら書き上げることで，相手という存在を知り，意識することになる。そのため交流する時間は交流を行わせたい。欠席した子どもや，書くことに時間がかかる子どもや丁寧に書きたい一心で遅れてしまった子どもには別な時間を取り，友達とできるだけ交流できるようにする。無理に書かせようとしてしまい出来上がりだけを意識してしまうと，書くことの本質を見失うことになりがちである。しかし，可能な限り，交流する場をつくることで驚くほど意欲が上がることになる。そのことで，ぶれることなく指導することにもつながり，学び合う力を評価することへつながる。

③人目につくよう掲示して，書いてよかったという実感をもたせる

　自分の調べたことを「学級の友達に読んでもらい知らせよう」と意欲をもって学習し，説明文を書き上げる。同じ時間を共有してきた友達だからこそ，

1人でも多くの友達に自分の頑張りを伝えたいと思ったり，1人でも多くの友達の書いたものを手に取りたいと思ったりする。そこで，足を止めてもらえるよう目立つ場所に展示する。心に響いた子どもは，書き手に声をかけ，感想を伝え合うことになる。また，読むスピードの差や意見を直接言葉にして伝えることが苦手な子どものことを考慮すると，自分のペースで好きな時に読める掲示スペースでの掲示は有効な手段である。

　また，交流を日常の中で自然にできるようにしながらも，学んだことを生かせるようにするため，意見を付箋で伝えるだけではなく，自由に書いて伝えることができる小さいサイズのカードを用意した。このようなカードを備え付けるだけで，自由に手軽に書いて，相手に渡すことができる。また手紙を受け取った人が大きな用紙に貼ることもできる。このような支援をすることで，時間内に付箋に書くという形式にこだわって書けない子どもも，友達と交流し，書いてよかったという実感をもつことができると考えた。

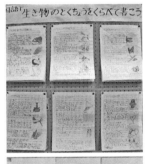
◀子どもの作品を全校の子どもが見る玄関前に掲示

◀感想カードと共に掲示

◀全校の子どもからもらった感想カード

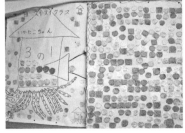
◀クラス内の交流

（原島　竜）

第4学年

グルーピングや「見える化」で全員参加を促す小グループ

単元名：4年1組もっと仲良し計画

時期：1学期　領域：話すこと・聞くこと　時間数：全4時間
言語活動：グループでの話合い
関連教材：「よりよい話し合いをしよう」（光村図書4年上）

.... 1 ....
学び合いのポイント

　4年生となると，グループでの学習も増え，協力して作り上げたり，決定していったりすることが求められる。しかし，ややもすると，発言力のある子の意見だけでまとめられていったり，それぞれの個人的な思いに固執してしまい水掛け論に陥ってしまったりする。そのため，この時期のグループ学習においては，①それぞれがきちんと自分の考えをもち，互いに聴き合う集団づくり，②話し合っている内容を「見える化」し，全員参加を促すことがポイントとなる。その際には，子どもたちが本気になって話し合えるよう，生活に生かされるような話題について話し合うことが有効である。

.... 2 ....
単元のねらいと概要

　本単元では，話題を「4年1組もっと仲良し計画を考えよう」とし，友達ともっと仲良くなるために，どんな方法が考えられるかについてグループで話し合う。様々なアイデアが出されるため，互いに受け止めたり質問したりしながら聞くことや，目的にあったものを話し合って選ぶことが求められる。最終的に，話し合った内容は，実際に休み時間等を使って実現される。

|付けたい力|
○相手の考えや思いを受け止めながら聞く態度と力
○目的に即して共通点や相違点を考えながら話し合う力

3 主な評価規準

○相手の考えや思いを受け止めながら聞き，質問したり，感想を伝えたりしている。　　　　　　　　　　　　　　　　　（話すこと・聞くこと　エ）
○目的に即して，互いの考えの共通点や相違点を考えながら，「もっと仲良し計画」を求めて話し合っている。　　　　　（話すこと・聞くこと　オ）

4 単元のイメージ

学習形態		
学級全体で課題を整理 →グループで目標を決める ↓	第一次	第1時　課題をつかみ，グループごとに目標を考える。 ○事前にとった「こんなクラスになったらいいなと思うこと」のアンケート結果を紹介し，学級全体で「もっと仲良し」になるための課題を考える。 　・男女が最近遊ばなくなってきたな。 　・1人になっちゃう人がいるよ。 ○グループごとに，目標を考える。 　・男女が仲良くなるよう，一緒に遊ぶ計画を考えよう。 　・1人ぼっちをなくすために，互いのよさをもっと知る計画を考えよう ▼付箋紙の例 イス取りゲーム （理由）だれでもルールを知っているから。みんなで輪になってやるので，1人ぼっちと感じる人がいなくなると思うから。
個人→ペア		第2時　自分のアイデアを考え，友達に聞いてもらう。 ○取り組んだらよいと思う活動を考え，付箋紙に書く。 ○グループ外の友達に聞いてもらう。
学級全体でよさを共有→グループ ↓ グループでの話合い	第二次	第3時　聞き方を学び，話合いグループで聞き合う。 ○前時での上手な聞き方を紹介し，質問や確認をしながら聞くとよいことを学級全体で確かめる。 ○各自のアイデアをグループで互いに聞き合う。 第4時　グループの意見を話し合ってまとめる。（本時） ○目的に照らしながら，グループの「もっと仲良し計画」を話し合って決める。

5 本時の流れ（4時／全4時間）

時	学習活動	指導上の留意点
5分	○前時の活動を振り返り，「決められなくなった」という声を紹介する。　**ポイント①** ○本時のめあてを確認する。 グループで意見を比べながら，計画の案を話し合って決めよう。	
7分	○「話合い台本」を用いて，話合いの進め方や言葉の遣い方を検討する。 　・比べている　・目標を意識している	代表児と役割読みをする。代表児に予め台本を渡しておく。
10分	○グループの目標に合わせながら，グループで話し合ってそれぞれのアイデアを比較する。　**ポイント②③**	「話合い台本」の前半を意識させる。
3分	○話合いを一度止め，自分たちがめあてにした話し合い方ができているかを確かめる。　**ポイント④**	グループごとの振り返り用紙を用いる。
15分	○比較したことを生かして，グループの目標に一番合った活動を話し合って決める。　**ポイント⑤**	「話合い台本」の後半を意識させる。
5分	○目標に合わせた計画を考えることができたか，話し合い方はどうだったか，グループごとに振り返る。	決まったグループは，考えた活動のよさを整理するよう指示する。　**ポイント⑥**

6
効果的な学び合いにするポイント

ポイント①　前時との「子どもたちの思考や意識のつながり」を大事にする

　前時では，「じっくり聞く」を合言葉に，「あぁ，確かにね」等と受け止めることや，「それってどういうこと？」と質問すること，「○○って言う意味？」と確かめることの大切さを確認した。そのため，本時においても，話合いの中でたくさんの受け止めや質問，確認が現れていた。

　しかし，「じっくり聞く」だけでは，今回の話合いの目的である取り組む内容を決めることはできない。実際，前時の終わりに「みんなでよく聞き合ったんだけど，そしたら余計に決められなくなった」という子どもの声が出された。本時の冒頭では，そういった子どもたちの困ったという声を取り上げて，「じゃあ，どんなふうに話合いを進めればよいか考えていこう」と導入し，「話合い台本」（次頁）を使って話合いの進め方とどんな言葉を使えばよいかをとらえさせる。困ったという実感あるからこそ，子どもたちは「話合い台本」から進んで学ぼうとする。

ポイント②　グルーピングを工夫し，全員が参加しやすくする

　中学年段階で話し合わせる時，グループの人数は，3人か4人が適切である。本単元の学習では，4人組での話合いを設定している。また，今回は話し合う力の差に応じたグループ編成をしている。その際，A（よくできる）レベルだけ，B（概ね満足）レベルだけといった区分ではなく，AABBやBBBC，BBCC等といった組み合わせにしている。このような組み合わせは，BやC（課題がある）レベルの子どもたちも主体的に話合いに参加させる上で効果的である。

話合い台本例

前半部

Aさん　ぼくたちの目標は「みんなが仲が良く思いやりのあるクラスにするために，たがいのよいところを知る」だったよね。

Dさん　しょうかいポスターや手紙は，その人のよさをいくつも書くことができるよね。でも，よいところカルタは1つのことぐらいしか書けないよ。

Aさん　なるほどね。「いくつも書ける」「1つだけ書ける」って分けておこう。他にあるかな。

Dさん　しょうかいポスターは，その人のよいところをみんなに知らせることができるよね。

Cさん　あぁ，たしかに。みんなに知らせた方が，クラスの仲は良くなりそうだね。

Dさん　手紙は，書く時に相手のよさをいっぱい考えるけど，他の人には伝わらないよね。

Aさん　「みんなによさが伝わるか，1対1だけで伝わるか」も大事だね。書いておこう。

後半部

Cさん　「みんなが仲が良く思いやりのあるクラス」っていう目標を考えたら，どれがいいかな。

Dさん　「みんなが」ってことが大切なんだから，よさがみんなに伝わるものの方がいいんじゃないの？

Bさん　じゃあ，残念だけど，手紙はやめておこうか。

Aさん　みんなが仲良くなりたいもんね。分かってくれて，ありがとう。

一度目は耳だけで聞き，二度目は模造紙に拡大した台本を掲示して聞く。その後，台本のどこがよかったか話し合う。

代表児と役割読みで示す

ポイント③　話合いを「見える化」し，全員参加を促す

　本時では，下の図のような「話合いボード」を活用し，話し合った内容が文字や記号などで残るようにしている。アイデアと理由の付箋紙は，前時の段階で貼りながら説明している。本時では，これらのアイデアを目標に即して比較し書き込む。例えば，イス取りゲームと氷おにには「だれでも楽しめる」が，バスケットボールは「苦手な人もいる」という具合である。このように話合いを「見える化」することは，何が話し合われているかを誰もが理解しやすくなるため，話合いへの全員参加を促す上で効果的である。

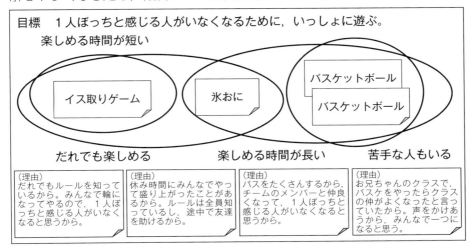

ポイント④　途中で話合いを一時停止し，話合い方を振り返らせる

　本時の中ごろで話合いを一時停止し，グループごとに「①自分がやりたいことではなく，目標を考えていますか」「②目標を考えながら，ちがいを話し合えていますか」の2つの質問に対し，◎○△の三段階で答える場面を設定した。このように自分たちがめあてとした話合いをしているかをチェックすることを「モニタリング」というが，1時間の末に行うだけでなく，途中に行うことで，その後必要に応じて修正を図る機会となる。高学年で「計画的に話し合う」力を付けることにつながる大事な学びである。

ポイント⑤　話合いがうまく進められないグループへの対応を用意する

　話し合っている中で，堂々巡りに陥ってしまったり，停滞してしまったりするグループが出てくる。しかし，1つのグループに寄り添って指導できる時間は限られているため，下図のようなヒントカードを用意しておき，必要なグループに配るとよい。ヒントカードでもうまく進められないグループには，教師が話合いに加わって道筋をつけられるよう支援する。

ヒントカード例
「いっしょに遊ぶ」グループで考えてみたいこと
苦手な人は多くいないか／会話（かかわり）があるか／争いにならないか

ポイント⑥　早く解決したグループへの対応を用意する

　グループワークに時間差はつきものである。グループでの話合いに取り組ませる際には，必ず早く解決したグループに何を取り組ませるかを考えておきたい。本時では，右下の図のようなワークシートを用意しておき，考えた活動のよさを整理する課題に取り組ませた。このような発展課題を用意する際に留意したいのが，全く別の課題に取り組ませるのではなく，本時の目標を深めるような課題を考えることである。具体的には，本時では「目的（目標）に即して比較する」ことを目標としていた。そのため，発展課題は自分たちの決めた活動について，目的（目標）に合わせたよさをアピールすることとしている。そうすることで，目的（目標）に即して考えるという思考や，他の活動にはないこの活動ならではのよさという比較する思考が再度発揮され，学びが深まるのである。

実際の発展課題のワークシート

7 評価の工夫

①期待する発話の想定

グループでの話合いを評価することは難しい。そこで，本時の目標をもとに期待する子どもの発話を具体的に想定することから始めた（下表）。

目的を意識して比べる意見を述べる	例	○○はルールが簡単だからみんなで楽しめるね。
目的に戻る発話をする	例	でもさ，目標は「男女が仲良くなるため」だよ。
目的と意見がどう関係するのか質問する	例	どうして声を出すと仲良くなれるって考えたの？

②即時に評価を残すための補助簿の作成

話合いはリアルタイムで評価しなくてはならない。そこで，評価補助簿（下図）を作成し，上記の発話が出ているかに絞り，加点式で評価を残していった。その際，前時での様子やグループの目標を書き入れておくことで，子どもたちの話合いが評価しやすくなる。

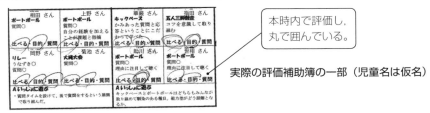

本時内で評価し，丸で囲んでいる。

実際の評価補助簿の一部（児童名は仮名）

③評価を指導に生かす教師の言葉かけ

大切なのは，評価は指導のために行うということである。できたかどうかをチェックすることに終始してはいけない。グループに入って子どもたちの話合いをじっくり聞きながら，目的と意見の関係を質問できていないと評価したならば，「今の意見は，目的とどうつながっているか分かった？」と他のメンバーに問いかけ，分かっていなければ「じゃあ，質問してみようよ」と促すのである。

（北川雅浩）

子どもが自然に学び合う環境づくり

単元名：足立区の4年生に墨田区をPRしよう！

時期：2学期　領域：書くこと　時間数：全10時間(国語6時間・総合4時間)
言語活動：新聞作り
関連教材：「学級新聞を作ろう」(教育出版4年上)

.... 1 ....
学び合いのポイント

　本単元では子どもが主体的に学び合える学習環境づくりを目指して授業を行った。子どもが主体的に活動するためには，子どものつまずきを分析し，つまずきに対する手立てを用いることがポイントとなる。子どもが書く活動に取り組む時，様々なつまずきが発生する。「どのように書いていいか分からない」「見出しや題名が決まらない」「まわりがどのように書いているかが気になる」といった子どもがつまずいた時に自分で問題解決ができる学習環境を整えることで，子どもが主体的に学習に取り組むことができると考えた。また，学習環境を整え，子どもが主体的に活動していくと，子どもは助けを友達に求めるようになり，協働的な学び合いが自然発生すると考えた。

.... 2 ....
単元のねらいと概要

　本単元は「足立区の4年生に墨田区をPRする」という目的を設定した。墨田区のよさをPRする新聞を作り，その新聞を足立区の4年生に読んでもらうことで，墨田区のよさを伝えるという学習である。「人物」「観光名所」「伝統文化」「産業」など様々なテーマから自分の伝えたいテーマを決め，資料から調べ，新聞を作成した。

|付けたい力|
○相手や目的に応じて，書く上で必要な事柄を調べる力
○記事の役割を理解し，伝えたいことが明確になるように，割り付けする力

3
主な評価規準
○相手や目的に応じて，書く上で必要な事柄を調べている。（書くこと　ア）
○記事の役割を理解し，伝えたいことが明確になるように，割り付けをしている。　　　　　　　　　　　　　　　　　　　　　　　（書くこと　イ）

4
単元のイメージ

学習形態		次	内容
学級全体で課題を設定→テーマの決定　↓	第一次		**第1〜3時**　課題をつかみ，それぞれのテーマを決める。 ○他区の4年生が墨田区のことをほとんど知らないという事実から，「墨田区のことをもっと知ってもらえるようPRしよう」という課題を設定する。 ○墨田区の観光課の人から墨田区について話を聞き，PRできるような歴史，産業，名所等を教えてもらう。 ○調べるテーマを全体で話し合い，それぞれのテーマを決める。 ※他区の4年生に伝えるという目的から，墨田区について多くのことを伝えるよう促し，各テーマ2〜3人になるよう配慮した。
学級全体で言語活動の確認　↓　個人・同じテーマのグループで調べ学習→新聞の作成　↓	第二次		**第4〜9時**　テーマに応じて資料を調べ，新聞を書く。 ○メモの取り方を知り，調べたいことや疑問に思ったことを付箋紙にメモする。 ○図書館や図書室，観光課からいただいた資料を読み，調べたことを付箋紙にメモする。 ○新聞の割り付けや見出しを考える。（**本時**） ○墨田区をPRする新聞を書く。
同じテーマで交流→異なるテーマで交流	第三次		**第10時**　書きあがった新聞を読み合い，交流する。 ○お互いの新聞を読み合い，よりよくなるようアドバイスをしたり，感想を伝えたりする。

5
本時の流れ（8時／全10時間）

時	学習活動	指導上の留意点
3分	○今までの学習の流れを振り返る。 　　　　　　　　　　　　**ポイント①**	言語活動の目的と相手を再確認する。
2分	○本時のめあてを確認する。 　新聞の割り付けを考え，記事の見出しを書こう。	
10分	○割り付けの方法やトップ記事，第二記事，第三記事の役割ついて確認する。 ○付箋の動かし方について確認する。 ○見出しの意味や書き方について確認する。 　　　　　　　　　　　　**ポイント②**	黒板にワークシートの拡大を掲示し，付箋を動かしていくことで，活動の見通しをもたせる。
20分	○割り付けを考え，レイアウトを作る。 ○見出しを書く。　**ポイント③④⑤⑥⑦⑧**	新聞作りの本を置いたコーナーを作る。実際の新聞や見本の新聞を掲示する。交流コーナーを作り，お互いの新聞の割り付けを見合えるようにする。
5分	○まわりの友達がどんな割り付けや見出しを書いたか見て回る。	
5分	○学習の振り返りと次時の予告を行う。	トップ記事に自分が伝えたい付箋が入っているか確認する。

6 効果的な学び合いにするポイント

ポイント①　相手意識・目的意識を明確にし，学習の意欲を高める

　書く言語活動において，「なぜ書くのか？」「だれに書くのか？」がつまずきになることが多い。そのため，本実践では「足立区の4年生に墨田区のよさを伝える」という明確な意識をもたせた。他区の子どもにとって墨田区はスカイツリーの印象が強い地域である。しかし，実際に住んでいる子どもたちにとって，墨田区は他にも魅力のある地域だ。この思いを伝えるために，墨田区のよさを知ってもらうという学習を設定した。こうした意識をもたせることで子どもは主体的に活動し，自然にグループ活動に取り組むようになるのである。

ポイント②　モデルの提示を行い，活動の見通しをもたせる

　以前，書く活動の時に子どもから「完成すると，どんな感じになるのですか？」という質問をされたことがある。子どもにとって最終的な言語活動が提示されないと，子どもは活動のゴールがイメージできない。ゴールのイメージがもてなければ，その前の活動の方向性につまずいてしまうことがある。モデル文を提示することで，どのように書くかが分かり，スムーズに活動することができると考えた。また，黒板やパネルにモデルを掲示するとで，モデル前で互いに教え合う姿を見ることができる。モデルを前にお互いの疑問を話し合い，教え合うことで，自然と協働学習の雰囲気が生まれていく。

ポイント③　付箋を活用し，思考を整理する

　調べ学習の中で，「何を調べていいかが分からない」というつまずきを見ることがある。このつまずきは，子どもの思考が整理されていないことが原因だと考えた。そこでワークシートを工夫し，付箋を活用することで子どもの思考が整理され，活発に調べ学習に取り組めると考えた。

　ワークシートは中心に調べるテーマ，そのまわりに「調べたいこと」，外側に「調べたこと」「考えたこと」を付箋でメモし，思考の広がりが視覚的に理解できるようにした。こうすることで，いつでも自分の思考の出発点が確認できると考えた。また，「調べたいこと」「調べたこと」「考えたこと」を三色の付箋で色分けし，思考を整理する助けとした。

　同じテーマ同士で調べ学習を行うと，付箋の数を競い合ったり，付箋に書いた情報を共有したりと，協力して活動する姿を見ることができた。

　また，付箋を活用して割り付けを行うことで，トップ記事にどの情報を書くか，整理できると考えた。付箋は貼ったりはがしたり，自由に動かすことができる。調べ学習で活用した付箋を割り付けでも活用し，集めた情報を動かしながら割り付けを考えることで，割り付けをスムーズに行うことができると考えた。

　子どもは何度も付箋を動かしながら，トップ記事，第二記事，第三記事の内容を決めていた。また，同じテーマ同士で，どの情報をトップ記事にしたかを話し合い，互いの割り付けの参考にしていた。

ポイント④　辞書の活用・教師による選書で自主的な調べ学習を行わせる

　本やインターネットをもとに調べ学習を進めても，書いてある内容を理解できないことがある。語彙の不足は辞書を活用することで補っていく。書いてある内容が子どもにとって難しい場合を考え，予め教師が選書を行い，選書された本や資料から調べ学習を行わせることで，自主的な調べ学習ができると考えた。

　自主的な調べ学習が行われるようになると，自然と同じテーマで集まって協働学習をするようになっていった。「自分たちで調べられる」という意識が協働学習を行うきっかけとなっていた。机や椅子を自らで動かし，グループを形成して学習に取り組むことができていた。

ポイント⑤　交流コーナーを設置し，読み手を意識させる

　完成した割り付けや見出しを交流できるよう，教室に交流コーナーを設置した。交流コーナーでは「読む人の興味をひく見出しになっているか」という交流の観点を示し，互いに読み手を意識してペア学習を行えるようにした。また，交流する時の話し方の例も掲示し交流をスムーズに行えるよう工夫した。

　交流コーナーを設置することで完成したものを友達に相談することができ，互いに学び合うことができていた。こうした，交流していい場所を作ることが，学び合う雰囲気を生み出していた。

ポイント⑥　活動がうまく進んでいない子どもへ言葉かけをする

　活動がうまく進んでいない子どもを見つけた場合，どのようなつまずきに悩んでいるかを分析する。子どものつまずきに応じて，言葉かけを変えていく。本時では子どもの主体性を伸ばし，協働学習を進めていくため，「先生が書いたモデルの新聞を見に行ってみたら？」「〇〇さんも同じところで悩んでいたから，相談してみよう」と声をかけていった。子どもにどのような力を身に付けさせたいかを意識し，自らの力でつまずきを解決できるよう支援することで，主体性，学び合う意欲を伸ばすことができる。

ポイント⑦　早く活動を終えた子どもへの対応を用意する

　活動に取り組ませると時間差ができてしまう。活動に取り組ませる際には早く活動を終えた子どもへの対応を用意しておく。

　本時の学習では友達との交流や次の学習で行う新聞作りの準備，新聞の作り方の本や資料の見直しの指示を出した。活動を終えた後の対応を複数用意し，自主的に選べるようにすることで，子どもが自ら必要とする活動に取り組むことができる。こうした手立てが子どもの主体性を育てていくと考えられる。

ポイント⑧　柔軟な子どもへの対応で，子どもの自主性を育てていく

　新聞作りでは割り付けの段階に入ってももう一度資料を読み直したくなることがある。こうした子どもの要望に柔軟に対応し，前時の学習に戻って活動することを認めることも大切である。こうした教師の姿勢が子どもの自主性を育てていく。

7
評価の工夫

①活動の記録による，子どもの様子の評価

デジタルカメラやタブレットのカメラ機能を活用し，子どもの様子や途中のワークシートを記録しておく。こうすることで，出来上がった新聞だけでなく，新聞を作っていく学び合いの過程も評価することができる。また，学習に取り組む子どもの様子を教室に掲示し，学習のモデルにすることで，他の子どもの学習の支援につなげることもできる。

◀辞書を活用し，分からない言葉を調べている子どもの様子。こうした学習に取り組む様子を記録し，評価につなげていく。

②評価規準の明確化

出来上がった新聞だけでなく，その過程を評価するためには，子ども一人一人の学習状況を把握しなければならない。進み具合の異なる中で，学習状況を把握し，子ども一人一人の評価をしていくことは難しい。

こうした状況の中で，子どもの学習を正確に評価していくために，明確な評価規準を教師自身がもっていなくてはならない。教師が明確な評価規準をもち，その規準を目指して指導をすることが必要である。

また，こうした評価規準は言語活動のモデルを教師自身が作成する中で具体的になっていく。言語活動を学習で行わせる際は，必ずモデルを作成し，その過程を評価や指導，子どもの支援に生かしていくことが大切である。

実際に本単元では，モデルを作成することで「自分が何を伝えたいか」ということを意識した。この意識が，本単元の評価規準となっている。

(伊藤浩平)

全員参加を促す話合いボード
目的に沿って意見を出し合いまとめる話合い活動

単元名：学校の○○アップ計画を考えよう

時期：1学期の終盤　領域：話すこと・聞くこと　時間数：全6時間
言語活動：グループでの話合い
関連教材：「明日をつくるわたしたち」（光村図書5年）

1
学び合いのポイント

　本単元でねらったよりよい話合い活動は，参加者全員が意見を伝え合う中で，比較検討をして目的に合った結論を導き出すことと，話合いにより得られる充実感である。そこで，指導者は意見を出し合って比較検討できる人数や教具などを意識して，グループ学習を設定するとよい。

　本単元での目標は「参加者全員が意見を出すこと」「日常の人間関係よりも，目的に適した内容か考えて決定すること」とした。そして，特に次の三点を工夫した。

　・学習の目的や活動の内容を確認できる掲示と例示
　・それぞれの意見や参加者の考えを可視化する学習用具
　・同じテーマで意見を話したり聞いたりし合えるグルーピング

2
単元のねらいと概要

　本単元では，話題を「よりよい学校にしていく活動」とし，学校の特色を取り入れつつ，高学年ならではの提案を考える話合いに取り組む。提案書は校長先生に目を通していただき，学活や休み時間を使って実施する。

付けたい力
○互いの意見を，目的に照らし合わせながら関係づけて話し合う力
○参加する全員で，計画的に話合いを進めようとする態度と力

3 主な評価規準

○話し手の意図をとらえながら聞き，自分の意見と比べながら聞いて考えをまとめている。　　　　　　　　　　　　　　　　（話すこと・聞くこと　エ）
○互いの考えの共通点や相違点をはっきりさせながら提案内容について計画的に話し合っている。　　　　　　　　　　　　（話すこと・聞くこと　オ）

4 単元のイメージ

学習形態

第０次
（短期）学校生活を振り返り，よりよくしたい事柄を取り上げる。
（長期）朝の会で「日直１分間スピーチ」に取り組む。

学級全体 ↓

第一次

第１時　学習課題に関心をもち 提案したい話題を決める。
○校長先生からの「学校をよりよくする活動を考えてほしい」という手紙を読んで「学校の○○アップ計画」を提案することを決め，提案書例を見て学習の進め方を考え計画を立てる。

個人
○提案したいテーマ（○○をアップ）について決める。

**話合い
グループ** ↓

第二次

第２時　グループの目標を決め 提案内容を考える。
○話合いグループでテーマをもち寄って話し合い，決定する。
○提案したい事柄について書き出し，具体的内容を考える。

生活班 ↓

第３時　聞き合いを通して 提案内容を振り返る。
○互いの提案内容を聞き合ったり，質問したりする。

**話合い
グループ
（バディ）** ↓

第４時　提案内容について 具体的な意見を出し合う。
○話合いグループで提案内容について意見を出し合う。
○バディグループ（２人組）で話合いの様子を見合う。

第５時　目的に合った意見を出し合い提案をまとめる。
（本時）
○前時の活動を参考に，話合いの進め方も意識しながら提

		案内容をまとめる。
個人	第三次	第6時 提案内容を決定し 提案書に書く事柄を確認する。 ○グループで決めた意見をもとに，提案書に書く事柄をメモする。
	単元後	（個人）例文を参考に，提案書を仕上げる。 （グループ）校長先生に確認していただき，計画を実行する。

·· 5 ··
本時の流れ（5時／全6時間）

時	学習活動	指導上の留意点
3分	○前時の活動から「目的に沿った意見が出せていたか」「全員が計画的に話合いに参加できていたか」を振り返る。　**ポイント④** ○本時のめあてを確認する。	１つの提案にするには，目的に沿ってまとめる話合いが必要なことを確認させる。
	目的に合った意見を出し合ってグループで提案をまとめよう。	
7分	○話合い例（前時の話合い記録や教師の作った台本）をもとに，話合い方を考える。　**ポイント①** ・違う意見が出た時に検討し，まとめる。 (1)話題やその目的に沿った意見かどうか考える。 (2)共通点や相違点を比べながら話合い，より目的に合った考えにまとめる。	話合いシートで，話合いの内容を可視化させる。 話合い方を意識できるように，バディグループの記録やアドバイスを参考にしたり，学習感想で振り返りをさせたりする。 必要に応じて，話合い方のポイントが意識できているか，掲示物などでの確認を促す。 目的に合わせて意見をまとめるために，話合い例を参考にするよう助言する。
30分	○提案内容について考えを出し合い，意見をまとめる。　**ポイント②③** 　ア　グループの目的に沿って話し合う。 　イ　自分たちの話合い方を振り返る。 　ウ　確認した話合い方を意識しながら，提案をまとめる。 　エ　提案内容について意見がまとまったグループは，各自のノートにメモをとる。	
5分	○本時の話合いを振り返る。	

6
効果的な学び合いにするポイント

ポイント① 学習の目的や活動の内容を確認できる掲示と例示

　グループ学習で悩むポイントとして考えられるのが，グループごとに展開が異なるため指導が追い付かない状況に陥ることだ。そこで，本時に何を学び，どのように活動すればよいのかについて，板書や掲示をして，子どもがいつでも確認できるようにしておく。特に，「単元の学習計画表」「明確な言葉で示された本時のめあて」「活動の流れと時間」「指導内容を含んだ例（台本・例文・作品）」は，道標となり大いに活用される。

　話合い例について紹介する。前時にグループのテーマに基づいた提案内容を出し合う話合いを行った。これまでの話合い経験をもとに，広げる話合い→分類する話合いを次のように進めてきた。

グループテーマ【明るさアップ「挨拶を増やそうキャンペーン」】
A：明るさアップで「挨拶を増やそうキャンペーン」にしたんだよね。
B：うん，みんなが挨拶をしたくなることを考えるんだよね。
C：じゃあ，ポイントカードはどうかな。よさに「たまっていくのが楽しい」ってあるよ。
B：そうだね。「全員がもらえる」のもいいと思う。
C：どうして？
B：児童集会で，賞状が欲しくてゲームをがんばる人，結構いるよね。
A：「全員がもらえる」なら，呼びかけチラシもそうだよ。
C：チラシには「いろいろな呼びかけが書ける」もあるよ。
B：確かにね。チラシなら，絵や言葉がたくさんかけるんだよね。
A：ポスターも同じだね。どうしよう？

　こうした展開で，子どもは「どれもいい案だから，決められない」という問題に行き当たる。しかし，グループでできる提案は１つなので，検討して決める必要がある。本時では，この前時での話合い例に多数見られた「何を決め手にすればいいの？」という悩みを共通で確認する。そこで，「『ほかに

もよさはある？』と問いかけよう」や「『それは挨拶が増えることにつながるの？』とグループテーマに照らし合わせて考えよう」という質問の仕方と考え方を示す。教師が例を提示してもよいし，うまくまとめられたグループがあれば実演してもらい，その話合いの何がよかったか考える指導を全体で行う。この，導入段階で行う全体指導において，掲示と例示を工夫することで子どもは見通しをもつことができ，グループでの学習活動が自主的に展開されるようになる。

ポイント②　それぞれの意見や参加者の考えを可視化する学習用具を工夫する

　グループで意見をやり取りする中でよく見られるのは，特定の子どもだけが発言し，具体的理由や明確な確認のないまま「なんとなく」決定の流れになる話合いではないだろうか。この場合，「日頃の人間関係」「子どもの性格」といった，内容に関係のない要素が壁となる場合が多い。そこで，学習用具を工夫して，全員が参加しやすいようにした。

　会話内容や思考を，言葉やマークや囲みラインなどで表すことにより，参加者全員がいつでも確認できる。内容や進行状況を自覚したり，新たな気付きを得たり，表現を促したりすることができる。

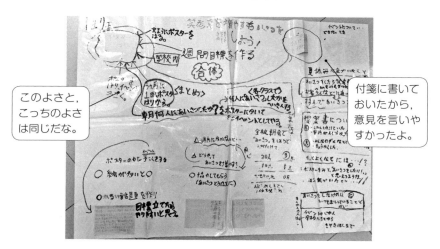

|話合いボード|…話合いの中で出された意見や，検討したいキーワードなどを書き込んでいく。

|付箋メモ|…子どもはそれぞれの意見を予め付箋に書いておく。

ポイント③　同じテーマで意見を話したり聞いたりし合えるグルーピングをする

　本単元では，メインの「提案を話し合うグループ」と，「客観的意見をもらう生活班」の２通りがある。提案グループでは，同じ目的に向かって話合えるように，質と人数の２点に配慮した。

　質については，「○○アップの方向性が近い」「話合いの能力・態度が異なる」「男女混合」「違う生活班である」といった，テーマ以外は違いのある集団を意識した。それは，今回の目標に沿っていると同時に，質が違うことによる学び合いの効果が得られるためである。特に，「話合いの能力・態度が異なる」については，例えば，算数少人数指導の能力別編成のように，学習の進度や発展の取り扱いといった，内容自体に差異が伴う場合には，能力別編成を選択することもある。しかし，今回は話合いの中で新しい考えに出会ったり，明確な説明の必要性を実感したりと，これまでにない経験をする機会になるようにした。男女の割合や日頃の関係についても同様である。共通の課題を解決しようとする時に，仲の良さや性別はあまり関係なく，むしろ子どもが自分からは選択しない集団にすることで関わりの幅を広げさせたい。

　人数については，多種多様な意見を求めるなら，多い方がよい。しかし，まとめる話合いを考えるなら，子どもの実態と活動時間を考えて，高学年なら４～６人程度が適当だと考える。今回の実践では，まとめる話合いに慣れていないことや，発言に苦手意識をもつ子どもが多くいたことに配慮して，３・４人でグループ編成を行った。

ポイント④　子どもの学習に対する必要感をもたせる

　主体的な学びを目指す上で，子どもの学習に対する意欲や必要感を高め，意識させるということは重要である。本実践では，単元を通して「学校をよくする提案するためにグループで意見をまとめるにはどう話合いを進めていけばよいか」について，子どもが主体的に学習を進められるようにした。

単元前	意欲の醸成と学習活動の耕し《０次》 　活動への関心や意欲を高める（直前・短期間） 　　教師が意図的に場や資料を用意して情報に触れたり，取り組ませたりしておくことで，自然と「やってみたい」という思いをもてるようにする。本単元では「学校のよいところ＋」としてアンケートを取り，学校の特長や理由を張り出して見合った。  　学習活動に慣れる・課題意識をもつ（常時・長期間） 　　子どもの実態や単元の内容に応じて，既習の学習内容を帯学習や他教科の学習活動でも取り入れることで，単元に入ってから復習や練習の時間をとらずに，ねらいに沿った指導ができる。日直スピーチ，ミニホワイトボードを使用した発表，付箋メモを使った感想交流，ボイスレコーダーでの振り返りなどに取り組んでいる。
第１時	取り組みたい学習課題との出会い 　校長先生から「学校をよりよくする提案を」と具体的な目的が示されることで，子どもは，０次で醸成させてきた活動への意欲が「どういう話合いをしたらよいか」という課題意識とつながる。

毎時間	学習課題の確認 　主体的活動を促すために，導入時だけでなく，単元を通して課題や目的を確認する。「何を」「何のために」「誰に向けて」「どのように」という具体的なゴールを意識することで，どのように活動を進めたらよいかについて，自ら考えながら学習を進めることができる。
単元後	実の場における活用 　話し合って決まった提案を文章にして，校長先生に見ていただく。アドバイスや感想をいただいた後，実際にその提案を実践する。この「実の場における活用」を行うことで，学習が生かされたという思いを味わい，学んだことと子どもの実生活につながりが生まれる。

7 評価の工夫

①明確な評価規準の設定と指導の工夫

　各時間の指導に明確な規準を設け，学習の中で観察し評価する。その際，単元を通しての子どもの変容や，本時の規準に対して関係性の深い情報をメモした評価簿を用意する。例えば，「結論の明確さ」といった話すこと・聞くことの能力や，「進行の意識」「発言者の偏り」「参加者としての姿勢」といった態度面についての記録を積み重ねることは，活動の中での指導を助ける資料となる。

②学習計画表による振り返りの活用

　毎時間，学習計画と振り返り欄が一体化したカードに目を通すことで，個人の自己評価が分かる。さらに，赤ペンでコメントを入れるなどして，学習時間内ではできなかったそれぞれのがんばりを認め励ますことができる。また，感想の中から良い点を取り上げて紹介して全体へ広めたり，気になる事柄について重点的に指導をしたりするなど，幅広く活用することができる。

（藤村由紀子）

必要感のあるグループ学習

単元名：芸術の秋―言葉のスケッチを楽しもう―

時期：２学期　領域：書くこと　時間数：全４時間
言語活動：俳句の創作と作品の鑑賞
関連教材：「俳句・短歌を作ろう」（教育出版５年下）

1 学び合いのポイント

　グループ学習には，１人では考えつかなかったようなことを教えられたり，学級全体では中々意見が出ないことでも少人数であれば発言できたりするよさがある。しかし，学習が複数人になることで，学習者一人一人が学習に対して主体的に関わっているかというとそうではない場合がある。それは，「誰かがまとめてくれるだろう」や「あの子に任せておけば大丈夫だ」というような学習に対する責任の所在があいまいになることが原因である。さらに，グループ学習に主体的に関わらない原因として，１人で解決できることをグループで学習してしまうことがある。グループで学習することへの必要感がもてなければ，グループ学習を行う意味がない。「グループで学習してよかった」という気持ちを芽生えさせることが大切である。そこで，本実践のグループ学習においては，①責任の所在を明確にすること，②グループ学習の必要感をもたせることをポイントとする。

2 単元のねらいと概要

　本単元は，俳句を「作る」と作った俳句を「鑑賞する」という言語活動を設定している。「作る」行為は，１人で行う。「鑑賞する」行為をグループで行う。単元名にあるように「言葉のスケッチを楽しもう」というのが学習の目的である。「言葉のスケッチ」の意味は，ある対象を絵で表現するかわりに，言葉で表現して伝えるという意味である。その手段として俳句を「作

る」ことと「鑑賞する」ことがある。したがって，俳句を「作る」学習においては，言葉を吟味して表現に生かすことが求められる。グループで「鑑賞する」学習においては，作った側の意図を察したり表現の巧みさに気付いたりすることによって，自分自身の作った俳句と比べたり自分のものの見方や考え方と比べたりすることが大切となってくる。俳句を「作る」「鑑賞する」という一連の言語活動が，ものの見方や考え方，表現の効果を学び合う学習となるようにグループ学習を設定する必要がある。

|付けたい力|

○身近にある季節を感じるものをとらえ，伝統的な定型詩を創作する楽しさを味わいながら書く態度や能力
○作者の考えや思いを受け止めながら鑑賞する態度と能力
○グループでの話合いをもとに，自分の考えをまとめる能力

3 主な評価規準

○俳句にする対象を見つけ，構成や表現の効果などを考えながら書いている。
　　　　　　　　　　　　　　　　　　　　　　（書くこと　ア・イ・オ）
○書かれた俳句について，表現の仕方に着目して感想を述べたり評価したりしている。　　　　　　　　　　　　　　　　　　　　（書くこと　カ）
○俳句について，グループでの話合いをもとに，自分の感想と比べるなどして考えをまとめている。　　　　　　　　　　　（話すこと・聞くこと　エ）

4 単元のイメージ

学習形態
学級全体
↓

第一次

第1時　俳句や句会について知り，俳句を作る。

○既習の俳句の知識を確認する。
・五七五調
・十七音（字余り・字足らず）
・季語を使う。
・知っている句を発表する。

グループで話し合わせてもよい 一人一人でできるとよい ↓		○表現の効果について話し合う。 ・赤い爆弾→木から落ちる柿の様子を表す言葉 ○俳句を作り吟行をする。 ・教室を出て，学校内を取材する。（秋を探す）
学級全体 ↓	第二次	第2時 みんなが作った俳句から，よいと思う俳句を取り上げて話し合う。（全体で鑑賞する） ○前時に作った全員の俳句を匿名で提示する。 ・それぞれの作品に適当に番号をつけ，一覧にしてプリントに刷ったものを各自に配布する。 ・よいと思う俳句について理由も付けて投票する。 ○選んだ俳句のよいところを話し合う。 ○みんながよいと思った俳句の特長を共有して，次時の俳句作りに生かす。
一人一人で行う ↓ グループで 話し合う	第三次	第3時 前時の俳句鑑賞を生かして，もう一度吟行をする。 第4時 句会の方法を知り，グループで句会をする。（本時） ○句会は，4人か5人1組のグループを組む。さらに，ペアとなるグループを決める。そして，俳句は匿名となっているペアグループの作品について鑑賞する。 ○最もいい俳句を決めるのではなく，どの俳句にも賞をつけ，担当する俳句によさや助言を書く。

5
本時の流れ（4時／全4時間）

時	学習活動	指導上の留意点
5分	○句会の方法について知り，本時のめあてを確かめる。 ・一句につき鑑賞する時間は，3分。 ・話し合う観点を決める。　**ポイント①** 作品のよさを見つけて伝え合おう。	前時のうちに，俳句を短冊に書き，作者が分からないように印をつける。
25分	○ペアグループの俳句について，よいところや工夫されているところなどを話し合う。 ・自分が鑑賞カードを担当する俳句を選ぶ。　**ポイント②** ・順番に一句ずつ3分の合図があるまで観点に沿って話し合う。　**ポイント③**	グループは予め決めておく。1グループ4人か5人程度が適当である。 時間は，教師が計り一斉に行う。
5分	○自分が担当する俳句に，グループで話し合って出た意見や自分の感想を鑑賞カードに書く。	俳句の短冊 鑑賞カード（付箋）
5分	○ペアグループと俳句の短冊と鑑賞カードを交換し，自分の俳句やグループの俳句について記述されていることを読んだり，感想を述べ合ったりする。　**ポイント④**	
5分	○単元を通しての学習感想を書く。　**ポイント⑤**	俳句作り，句会について書けるようにする。

6
効果的な学び合いにするポイント

ポイント① 話し合う観点とゴールを明確にする

　句会は，自分が俳句を作る時の「ものの見方」や「表現の工夫」を高めるために行うということを伝える。そのために，句会の時に話し合うポイントとして以下の4点を挙げる。

> ア　共感できる部分があるかどうか。
> イ　様子が想像できるか。
> ウ　言葉を工夫して表現しているか。
> エ　リズムがいいか。

　いずれの俳句にも○○賞という賞をつけることにする。話合いでは，観点を示すこととともに，ゴールを明確に示すことが大切である。ゴールを明確にすることで，何をどこまで話し合うかということが学習者たちに共有される。話し合う目的が共有されることで，話合いが円滑に進むようになる。

ポイント② 一人一人に役割をもたせる

　グループで学習を進めると，発言力があったりまとめるのが上手だったりする子どもが中心となり学習が進むことがある。これは，学習が円滑に進むためには大切なことである。一方で，そういう子どもに頼ってしまい，グループであっても発言をしない子どもや積極的に関わろうとしない子どもがいる。全員参加して学習を進める手立てが必要である。その1つとして，一人一人に役割をもたせることが有効である。

　本単元では，自分が所属するグループとペアグループの2つのグループが存在する。ペアグループには，自分が所属するグループの俳句を渡し，自分たちは，ペアグループの俳句を鑑賞するということになる。仮に，4人対4人のグループができるとする。自分が所属するグループのメンバーは，A，B，C，D，ペアグループが，E，F，G，Hとした場合，AはEの俳句について，BはFの俳句について，CはGの俳句について，DはHの俳句につ

いて，後で話し合われた内容や感想を書くということである。このように役割をもつと，責任感をもって話合いに参加し，自分1人の意見よりも多くの意見を反映させた方が俳句の作者にとってもよいということから，話し合う必要感も生まれることになる。

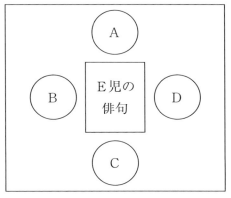

A児の場合自分の所属するグループ

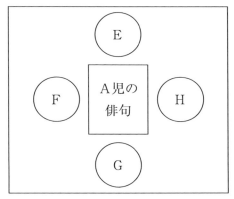

A児の場合ペアグループ

ポイント③　話合いは短く，繰り返し行う

　話合いの話題にもよるが，話合いには制限時間を設けて，だらだらとやらないことが学習に新鮮さを与えることになる。繰り返すと，新鮮さがなくなるという心配もあるが，話し合う観点や方法は同じで，話題（本単元では俳句）が変わっていくので，常に新しい話題ということになる。同じ方法を繰り返すことは，学習を効率的に進めることになる，と同時に，話合いの仕方も徐々に上達していくことで，学習者にも学習の進歩が自覚できるという効果を生むのである。

　一方で，話合いが制限時間内に終わらない場合もある。その場合は，形式的な話合いで結論だけを出させることがないように，話合いの全体時間は余分に確保しておきたい。4人分の鑑賞が終わった後に，制限時間内に終わらなかった俳句については，もう一度吟味し直すという時間を設けることも必要である。

ポイント④　グループ学習の成果を伝え合う

　俳句をグループで鑑賞して，作者本人に返す。教科書の句会には，最もよい俳句を選ぶということになっているが，本単元では，他の俳句を鑑賞することで，次に俳句を作る時の自分に役立てるというのが目的である。さらに，グループ学習自体にも，対象となる俳句のよさを引き出す話合いをするという意味をもたせる。そのため，俳句と鑑賞カードを返してもらった本人が「自分の俳句にこんな賞をつけてくれてうれしいな」とか「場面の様子が分かってくれてよかった」という気持ちになることが望ましい。俳句の作者が喜んでくれれば，それがグループ学習の成果として見ることができ，成果を実感することもできる。

```
【俳句】落ち葉はね　風といっしょに
　　　　力つく
【賞】発想賞
【感想】情景もよく分かり、「風といっしょ」というのが、さみしくなくていい。「風といっしょ」がよく発想できていてよかった。「力つく」が秋を表していて、季語が落ち葉なのによく分かっていい。

【俳句】くじけるな　ドングリハゲと
　　　　言われても
【賞】秋の植物の様子が分かりやすいで賞
【感想】夏のドングリには帽子のようなものがついているけれど、秋はドングリが落ちて帽子がないという様子が分かったので、良いと思いました。
```

　実際には，付箋を用いた。俳句は表面に書いてあり，裏面に付箋を貼る。付箋に，まずは【賞】を書き，続いて【感想】を書いて渡す。

ポイント⑤　グループ学習への有用感を実感する

　学習感想で，俳句作りと句会の２点について振り返ることができるようにする。俳句作りにおいては，友達の俳句を鑑賞したことで，次に俳句を作る時に気を付けたいことや参考にしたいことを書く。句会については，グループで話し合ったことで，自分にはない見方を教えてもらったり，話し合って

よい助言ができたりしたことに対して感じたことを書く。このようにして、1人で作るのではなく、グループ学習に広げて有意義であったと思えることを記録しておくことで、次の俳句作りやグループ学習へつなげていくことがポイントである。

実際の学習感想

7
評価の工夫

①グループ学習の成果を「見える化」

グループ学習の評価を担任1人で行うことは、授業中は難しい。そのため、成果として目に見える形で残しておくことが必要となる。本単元では、話合いの結果を付箋に書いていることで、「見える化」にしている。

②学びを共有する教師の働きかけ

教師が、この学習で何を学ばせようとしているかということが、授業では大切なことであり、グループ学習においても同じである。本単元であれば、俳句作りのために「ものの見方の拡張」と「グループ学習の有用感」である。

したがって、上手な俳句を取り上げるのではなくて、「鑑賞カードに書かれていること」を評価するのである。よく書けている鑑賞カードを取り上げ、そのグループがどんな話合いをしたのか全体で共有しほめて終わりにする。

(成家雅史)

第6学年

過程を重視した話合い

単元名：1年生へ絵本カレンダーを贈ろう

時期：2学期　領域：話すこと・聞くこと　時間数：全5時間
言語活動：グループでの話合い
関連教材：「話し合って，考えや意見を一つにまとめよう」（教育出版6年上）

.... 1 ....

学び合いのポイント

　高学年になると，学校生活の様々な場面で，子どもたち同士の話合いによって，課題を解決する方法を決めたり，複数の考えから1つを選んだりすることが求められる。多くの場合，結論よりも話し合う過程の中に学びや価値が見出されるものであるが，この時期の子どもたちは結論を性急に求める傾向にあり，1人の意見をそのまま決定事項としたり，じゃんけんや多数決で決めたりしてしまうことがある。そこで，この時期のグループ学習においては，相手の意見をどのように受け止め，どのように話合いを進めていくと，互いに納得のいく結論にたどりつくのかを意識させること，つまり，話合いの過程を意識させることがポイントとなる。その際には，教師が一方的に指導するのでは子どもたちの気付きを大事にすることで，実の場に即した主体的な学びが実現できる。

.... 2 ....

単元のねらいと概要

　本単元では，「1年生に絵本カレンダーを贈る」ために，カレンダーに載せる挿絵（おすすめの絵本1冊）を決める話合いを行うこととする。担当した月にぴったりのおすすめの絵本を選ぶという活動は，月行事や季節感，絵本の特徴などを理由や根拠としながら，それらを目的，相手，条件に照らし合わせて吟味検討することが求めら

れる。話し合ったことをもとに、前ページのようなカレンダーを作成する。
付けたい力
○目的,相手,条件に即して考えや意見を関係付けながら話し合う力

······························· 3 ·······························
主な評価規準
○目的,相手,条件に即して互いの考えや意見を関係付け,「おすすめの1冊」を決めるために計画的に話し合っている。(話すこと・聞くこと　オ)

······························· 4 ·······························
単元のイメージ

学習形態		単元の流れ
学級全体(活動のゴールを確認) ↓	第一次	**第1時**　単元の見通しをもつ。 ○1年生に絵本カレンダーを贈ることを決め,絵本カレンダーの形式,内容について学級全体で考える。 ○月ごとに3,4人のグループを作る。
		第2時　絵本の選び方を全体で確認し,絵本を探す。 ○どのような絵本を選んだらよいかを学級全体で考える。 　・季節,イベント,学習内容に合う本がいい。 　・おもしろさだけでなくメッセージ性のある本がいい。
個人(考えをもつ) ↓		○司書教諭や1年担任に1年生の読書傾向について聞く。 ○図書室で絵本を読み,おすすめの絵本を各自2,3冊選ぶ。
グループ話合い ↓	第二次	**第3時**　各自選んだ絵本を持ち寄り,グループで話し合う。 ○話合いの進め方を考える。 ○絵本を紹介したり,読み合ったりして,話合いを始める。
学級全体 (よさを共有) →グループ話合い		**第4時**　話合いの続きを行い,絵本を決める。(本時) ○前時の振り返りシートや話し合い場面から,話合いの過程を振り返り,よりよい話合いの進め方を考える。 ○話合いの続きを行い,その月にぴったりの1冊を決める。
グループ (カレンダー作成)	第三次	**第5時**　カレンダーを作る。 ○話合いをもとに,カレンダーを作る。

5 本時の流れ（4時／全5時間）

時	学習活動	指導上の留意点
5分	○前時の活動を振り返り，「互いの考えを出し合って整理したら，本の特徴やよさが見えてきた」という声を紹介する。　ポイント① ○本時のめあてを確認する。 おすすめの絵本を話し合って決めよう。	前時の振り返りをまとめたプリントを用意する。
10分	○グループごとに話合いの続きを行う。　ポイント②	前時使用した話合いボードを用いる
3分	○話合いを一時停止し，話合い方を振り返る。　ポイント④	ポイント③
7分	○「本の特徴やよさは整理できたけれど，意見がまとまらない」という声を取り上げ，話合い例を紹介する。　ポイント⑤ ○話合い例をもとに考えを1つにまとめていく話合いの仕方について全体で考え，共有する。 ・目的・相手・条件に照らし合わせている。 ・多面的に検討している。 ・他のグループと比較している。	うまく進められたグループを取り上げ，その場面を再現させる。
15分	○話合いの続きを行い，おすすめの絵本を決める。	
5分	○話合いを振り返る。　ポイント⑥	話合いの過程を振り返らせるようにする。

6 効果的な学び合いにするポイント

ポイント①　前時の振り返りシートをもとに，本時の学習の見通しをもたせる

　前時では，各自が持ち寄った絵本を紹介したり，読み合ったりして，互いの考えを出し合う話合いを行った。本時の導入では，前時の話合いの振り返りシートをまとめたプリント（右）を配布し，うまくいったところ，いかなかったところを確認した。「いいところや悪いところを出し合うと絵本の特徴を知ることができた」「様々な観点から絵本を評価していくと新たな視点が生まれた」など，話合いの過程とその結

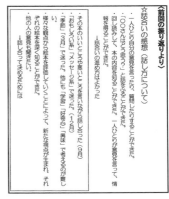

果得られたことに着目している振り返りを紹介することで，話し合うことのよさや話合いの進め方を全体で共有することができる。さらに，本時では，話合いの進め方として，次の３つのグループの話合いの場面を紹介し，本時の学習の見通しをもたせた。

```
A：互いの考えの共通点・相違点を考え，グルーピングする。（□で囲む）
B：互いの考えを関係付けて，整理する。（→で結ぶ，ラベリング）
C：本の特徴を観点別に評価する。（表に表す）
```

ポイント②　同じ興味をもっている子ども同士でグループをつくる

　高学年のグループ学習においては，自ら人間関係を調整し，どのように話合いに貢献するかを考えさせることも学びの１つである。そこで，今回は，子どもの希望をもとにグループを作ることとした。自分が生まれた月，状況を予想しやすい月，好き

Chapter3　実践編　主体的・協働的な学び合いのある学年別・国語授業プラン　121

な月など，同じ興味をもつ子ども同士が集まったので，その月のよさやイメージについてより深く共有でき，主体的な学習へとつながった。

また，グループを作る際には，自分が話さないと進まないと思える規模が大切である。この場合は，3，4人が適切である。

ポイント③ 「話合いボード」を活用し，話合いの過程を記録する

話合いにおける集団思考を整理したり，振り返りを行ったりするために，話合いの過程を記録する「話合いボード」を用意する。「話合いボード」の記録の仕方として，ポイント①で示した3つのグループの話合いボードを紹介する。

A：互いの考えの共通点・相違点を考え，分類・
　　整理（グルーピング）する（□で囲む）

図1は10月グループの話合いボードである。このグループは4つの意見（付箋）の共通点，相違点を考え，グルーピングした。その結果，物語と説明文のグループに大別することが分かった。「物語は人間として大切なものが得られるからよい」「説明文は知識が増えるからおすすめしたい」という意見が出され，どちらのジャンルにするのかという話合いに進んでいった。

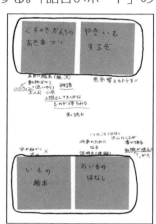

図1　分類・整理の例

B：互いの考えを関係付けて，整理
　　する（→で結ぶ，ラベリング）

図2は9月グループの話合いボードである。このグループは意見の共通性を矢印で結んだり，□で囲んだりして，関係付けを行った。1年生が楽しんでくれるか，その月の特徴を表しているかなど，様々な観点で

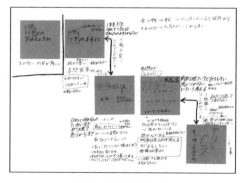

図2　関係付けの例

吟味検討し,『りんごかもしれない』という本の独特のおもしろさに気付くことができた。

C：本の特徴を観点別に評価する（表に表す）

　図3は8月グループの話合いボードである。6つの意見を字の多さ，絵のインパクト，ストーリーのおもしろさ，メッセージ性などの観点別に評価している。表を用いて整理したこと，評価を点数化したこと，言葉でもよさを書き出したことが，ポイントとしてあげられる。話合いでは，メッセージ性についての議論が交わされた。「この本は協力ってことがテーマになっているけど，1年生って協力って分かるのかな」「協力っていつごろから考えた？」「う〜ん，3年生かな」「そうか，諦めないってことの方が合っているんじゃないかな」。観点別に表すことで絵本のよさをより深く追究することができたようである。

図3　観点別に評価の例

ポイント④　話合いの途中で一時停止し，話合いの過程を振り返らせる

　本の特徴やよさを整理する話合いによって，おすすめの絵本を1つに絞ることができるグループもあるが，複数の意見が対立してしまったり，停滞してしまったりするグループもある。そこで，話合いの途中で一時停止し，自分たちのグループの話合いの過程を振り返らせ，うまくいかない点を確認させたり，解決の見通しをもたせたりする時間が必要となる。本時では，「本の特徴やよさは整理できたけれど，意見がまとまらない」という声を取り上げ，どうしたらよいかを全体で考えさせた。

　話合いを一時停止し，自分たちの話合いを振り返らせることで，話合いの目的や方向性を再認識し，客観的で多面的なものの見方・考え方ができるようになる。また，このように話合いや学習状況をメタ認知することは，これから求められる重要な力の1つである。

ポイント⑤　うまく進められたグループを取り上げ，「話合い例」として提示する

　途中で一時停止をした際に出された「本の特徴やよさは整理できたけれど，意見がまとまらない」という課題に対し，うまく進められたグループの話合い場面を「話合い例」として示した。本時では，机間指導の際にうまく進んでいるグループを担任が指名し，その場面を再現してもらうこととした。

＜実際に行った話合い例　パターン１＞
1：メッセージ系とおもしろい系で分けたけど，どっちがいいんだろう。
2：どっちもいいよね。どうする？
3：視点を変えて，他の観点から考えてみたらどうだろう。
2：そうか，何度読んでもあきないって観点はどう？
1：いいね，季節感っていうのはどう？
3：男女がどっちも楽しめるっていうのもあるよね。
1：他にも比べる観点って何かないかな。

＜実際に行った話合い例　パターン２＞
1：『いもの　はなし』がいいと思うんだ。知識が増えて将来のためになるよ。
2：ぼくは『くすのきだんちの　あきまつり』がいいと思うな。動物たちのやりとりが１年生に合っていると思う。
3：説明文と物語，どっちがいいんだろう。
1：『いものはなし』はビタミンＣみたいな知識が増えるでしょ。『くすのきだんち』はほのぼのした感じで思いやりが伝わるよね。
3：他の班はどうなんだろう。
2：そうか，他の班に説明文のようなものがなければ，それもいいかもしれないね。
1：そうだね。
2：いいね。聞いてみよう。

　「話合い例」を示した後には，どこがよかったのかを全体で確認した。「２つの観点だけでなく，いろいろ観点から比べることで，より１年生に合った

ものが見つかる」「全体を見て,他の月と比べることで独自性が見えてくるかもしれない」などの意見が出され,その後,その考え方を用いてまとめていくグループが見られた。

　今回は,机間指導の中で代表グループを指名しその場面を再現させたが,予め,話合い例を台本として用意しておき,担任と代表の子どもで役割読みをしてもよい。「話合い例」を示した後には,必ずどこがよかったのかを全体で確認し,その後の話合いに生かすようにさせる。

7
評価の工夫

①評価補助簿の活用

　12グループへの指導や支援を短時間に的確に行うために,前時までの学習状況から,話合いの展開や個人の課題を予想し,評価補助簿を作成する。子どもたちの話合いは教師の想定を超えるものも多くあるが,展開を予想しておくことで話合いの理解がしやすくなる。

②話合いと出来上がった絵本カレンダーのつながりを評価

　話合いの過程を意識させるためには,話合いが課題解決に向けて有効に機能したことを実感させる必要がある。そのために「話し合って本のよさを再発見し,ぴったりの1冊を選ぶことができた」「一年生のことを考えて作ったから素敵なメッセージを添えることができた」などの価値付けを行うとよい。

③振り返りシートの活用

　話合いの学習における評価は,結論が出たかということでだけでなく,結論に至る過程がどうであったかを見ていく必要がある。そこで,振り返りシートを用意し,話合いの進め方と内容についての両面から感想を書かせるとよい。その際には,「話合いボード」を活用させ,話合いの過程を意識した振り返りができるように促す。話合いを振り返り,自己評価する力を高めることもグループ学習の質を高める有効な方法の1つである。　　　（大村幸子）

「ジグソー法」を使って読みを深める

単元名：6年○組　アート鑑定団～鑑賞文を書こう～

時期：2学期　領域：読むこと，書くこと　時間数：全10時間
言語活動：絵画を見て鑑賞文を書く
関連教材：「『鳥獣戯画』を読む」「この絵，私はこう見る」（光村図書6年）

1
学び合いのポイント

　6年生になると，自分の考えを伝えなくても誰かが考えを発表して，授業が進んでしまうということがある。座っているだけで45分が終わってしまったという子どもも少なくはない。そのため，この時期のグループ学習においては，①子どもたちが自分の考えをもち，主体的に取り組むことができること②友達と考えを交流することが不可欠であること③友達と交流することで自分の読みや考えがさらに広がったり深まったりすることが感じられることがポイントとなる。今回は，ジグソー法を授業に取り入れることでこの3つのポイントを押さえていく。

2
単元のねらいと概要

　本単元を「6年○組　アート鑑定団」とし，自分のお気に入りの絵画の鑑賞文を書く言語活動を位置づける。ここでいう鑑賞文とは自分が絵画のどの部分に着目し，何を感じ，どのように意味づけ（評価）したのかを書いた文章とする。鑑賞文を書くために本教材「『鳥獣戯画』を読む」において，筆者のものの見方や考え方をとらえるとともに表現の工夫についてもジグソー学習を用いて理解させる。

　その後，「この絵，私はこう見る」において，自分のお気に入りの絵画の鑑賞文を書く活動を行うことで，読む領域で付けた力を書く領域で活用するという複合単元とした。

|付けたい力|
○絵と文との関係を押さえて，筆者の考え方をとらえ，自分の考えを明確にしながら読み，考えを広げたり，深めたりすることができる力
○事実と感想，意見などを区別するとともに，目的や意図に応じて簡単に書いたり詳しく書いたりする力

3 主な評価規準

○文章の内容に関心をもち，筆者が感じたことや表現の工夫を考えながら読もうとしている。　　　　　　　　　　　　　　　（関心・意欲・態度）
○文章を読んで考えたことをジグソー学習において伝え合い，自分の考えを広げたり，深めたりしている。　　　　　　　　　　　（読むこと　オ）
○目的に応じて，事実と感想，意見を区別するとともに，それらを簡単に書いたり詳しく書いたりしている。　　　　　　　　　　（書くこと　ウ）
○文末表現や序詞の使い方などに着目して読み，語句と語句との関係を理解している。　　　　　　　　（言語についての知識・理解・技能　イ（オ））

4 単元のイメージ

アート鑑定団になるにはタイム　①基本編

学習形態		
一斉授業 ↓	第一次	第1時　学習計画を立てて，学習の見通しをもつ。 ■課題の見通し　確認
	第二次	第2時　「『鳥獣戯画』を読む」を読んで筆者のものの見方をとらえる。 ■筆者のものの見方 ○3時間目にどのように学習を進めていくのかを確認させる。

グループ学習 ジグソー法 （1回目）	第3時　「『鳥獣戯画』を読む」を読んで筆者のものの見方をとらえる。 ■筆者のものの見方 課題A 着眼点　　課題B 事実　　課題C 評価 ○付箋を用いてジグソー法を取り入れ，論理的に内容を理解させる。
ジグソー法 （2回目） ↓	第4時　『鳥獣戯画』を読む」から筆者の表現の工夫を読む。（本時） ■表現の工夫 課題A　書き出しの工夫 課題B　文末の工夫 課題C　絵の出し方の工夫 ○ジグソー法を用いて，これらの工夫があるからこそ，読み手がひきつけられることを理解させる。
ジグソー法 （3回目） ↓	第5時　葛飾北斎「神奈川沖浪裏」の絵の鑑賞文を読む。 ■ものの見方の違い 課題A・B・C　筆者の違う鑑賞文 ○ジグソー法を用いて同じ絵画を見ても，見る人に（見方）によって着目するところ，感じ方，評価の仕方が違うことに気付かせる。 ○また各グループで，課題A・B・Cどの鑑賞文に魅力を感じるか考え，理由とともに入札させる。

アート鑑定団になるにはタイム　②実践編

個別学習 ↓	第三次	第6時　教科書の絵「サルのいる熱帯の森」を読む。 　　　　自分の選んだ絵を読む。 ■事実，感想の区別 ○読みとったこと，感じたことを付箋に書きだし，事実と感想に分ける。

	第7時 「サルのいる熱帯の森」で読んだこと，感じたことを整理し，伝えたいことについて考える。
	○自分の選んだ絵で伝えたいことについて考える。
	■伝えたいことの選択
	○簡単に書く部分，詳しく書く部分を選ぶ。
個別学習 グループ学習 ↓	○伝えたいことを効果的に書くための順番にさせる。
	第8時 表現や構成を工夫して「サルのいる熱帯の森」の鑑賞文を書く。
	○互いの鑑賞文を伝え合い，自分の鑑賞文と比べものの見方を広げる。
	■表現の工夫　構成の工夫
	○「『鳥獣戯画』を読む」で学んだ表現の工夫を意識して書かせる。
	○自分のものの見方との共通点や相違点をとらえさせる。
個別学習 ↓	第9時 表現や構成を工夫して自分の選んだ絵について鑑賞文を書く。
	■表現の工夫　構成の工夫
	○「『鳥獣戯画』を読む」で学んだ表現，前時に友達の鑑賞文から学んだ見方の工夫を意識して書かせる。
グループ学習 一斉授業	第10時 6-○鑑定団を行い，友達の鑑賞文を評価する。
	■鑑賞文の伝え方
	○事実や感想，意見の区別
	○表現や構成の工夫
事後	図工室に掲示することで，全校の児童に紹介する。

5 本時の流れ（4時／全10時間）

時	学習活動・■学習内容	指導上の留意点
2分	○前時の学習を振り返る。 ■筆者のものの見方 ○本時の学習課題をとらえる。 ■学習課題の確認 アート鑑定団になるにはタイム　①基本編　パート2 　読み手を引き付ける文章の秘密を探そう。	今までの学習が振り返れるような掲示をしておく。
7分	○与えられた課題について1人で考えをまとめる。 ■表現の工夫 課題A　書き出し 課題B　文末 課題C　絵の出し方	鳥獣戯画の本文から「書き出し」「文末」「絵の出し方」に着目させるようにする。 ワークシートにラインを引かせる。
10分	○同じグループ同士でお互いの考えを伝え合う。 ■同質グループの交流　　　　ポイント① ・自分の考えに同質の友達の考えを付けたし自分の考えをまとめる。	ラインを引いたところを互いに伝え合い，ジグソー活動においてどの部分を伝えるべきかを考える。
15分	○課題A，B，Cのグループで課題について考えまとめる。　　　　ポイント② （ジグソー） ■異質グループの交流　　　　ポイント① ■交流の仕方	課題A，B，Cの考えを伝え合う。 A，B，Cの考えをふまえ，課題についてグループの考えをまとめる。
6分	○グループでまとめた考えを全体で確認し，	各グループでまとめた

	共有し合う。 （クロストーク） ■全体での交流 ○今日の学習で分かったことを自分の言葉でまとめる。 ■自分の考えの整理の仕方	考えを全体に発表する。自分の考えを広げ，深めるために発表を聞く。課題に対して，自分の考えを自分の言葉でまとめる。
5分		

6
効果的な学び合いにするポイント

ポイント① グルーピングを工夫し，対話的に課題に取り組むことができるようにする

　ジグソー学習では，課題ごとにグループを作って学び合い（エキスパート中心），それを自分のグループにもち帰って交流し（ジグソー），全体で共有する（クロストーク）グループ学習の方法である。ジグソー学習では，グループの組み方を工夫することが大切である。クラスには，国語が好きな子ども，好きでない子どもなど実態に差がある。本単元では，3人グループを基本としている。クラスの状況，読みの理解，話合いへの参加の仕方などをふまえてグループを編成することで，ジグソー学習が子どもに付けたい力を付けるための手立てとなり，対話的に課題に取り組ませる上で効果をあげる。

　ジグソー学習に慣れるまでは，教師がA，B，Cの課題をどの子どもに与えるか考えながら渡すことも学ぼうとする意欲につながる。

　また，「何を言っても大丈夫」という安心感のあるクラスづくりがジグソー学習を成功へ導いてくれるため，普段のクラスの雰囲気づくりも大切にしていきたい。

ポイント②　ジグソー学習を繰り返すことで常に主体的に取り組み，自分の考えを広げ，深めることができるようにする

今回の単元では，「『鳥獣戯画』を読む」においてジグソー学習を3回取り入れる。

1回目のジグソー活動では，付箋を活用し，筆者のものの見方を論理的にとらえさせる。（同じ文章を読み，問題解決を行うグループ学習）

2回目のジグソー活動では，ワークシートを活用し，表現の工夫についてとらえさせる。（同じ文章を読み，考えを広げるグループ学習）

3回目のジグソー学習は，同じ絵を見て書かれた文章から筆者によって，ものの見方が違うことをとらえさせる。（違う文章を読み，考えを広げるグループ学習）

3回のジグソー学習を通して子どもたちが主体的に課題と向き合うことができるようになるとともに，自分の考えと友達から学んだことを結びつけ，自分の考えをさらに広げ，深めることができる。また，指導書において12時間扱いの本単元を10時間で学習する時間短縮の面でも有効である。

本単元では，1回目のジグソー活動を行う前時（2／10時）において，クラス全体で②段落目について考えた。クラスの実態をふまえ，課題A，B，Cである着眼点，事実，評価がどのようなものか全員で確認することで，3／10時の活動の土台作りを行う。

10／10時において，6－○鑑定団を行い，友達の鑑賞文を入札，評価するという課題意識をもって取り組むことで子どもたちのやる気をさらに高めることができる。

題名	作者	鑑賞文を書いた人
星月夜	ゴッホ	

入札理由
細かくみていったときに，最初の印象とかわっていったのがおもしろいと思った。最後になぞを残すのもいいと思った。

7
評価の工夫

①授業中の評価の工夫

　ジグソー学習の評価においては,「課題に対しての答えを自分自身で考え,自分自身の言葉で表現できたか」がポイントとなる。

　エキスパート活動,ジグソー活動において自分のもっている知識や考えを自分の言葉で友達に伝えようとしたり,友達の考えを受け入れたり,課題に対しての答えを見つけようとやり取りをする場面を評価しなければならない。今回の授業では,「ビューンと広がっている」など自分たちのグループの言葉が全体での交流を通して,自分の言葉へと変わっていった。また,A,B,Cの課題によって押さえなければいけない表現があるが,教師自身がどの表現に着目してほしいのかを明確にしておくことで評価することができる。

　以上のことをふまえ,教師は,各グループを回りながら子どもたちの話合いの様子を評価していく。座席表を持ち,〇やメモでチェックを入れていくようにするとよい。

②授業後で行うことができる評価の工夫

　本単元においては,今日の授業課題について,学びのスタートとゴールの確認をワークシートや付箋,自分の言葉でのまとめを使って評価を行うこととした。そうすることで,子ども一人一人45分の授業の中でどのような学びを行ったのかが分かる。授業前と授業後で子どもの中に伸びの変化が見られればそれが評価にもつながる。また,10／10時に出来上がった作品を通して,ジグソー学習を用いて読み進めた読みの学習を書くことに活用することができたかを評価し,授業全体の評価としていく。　　(水沼美和)

おわりに

　本書は，今まで学習の方法として教師の勘で行われてきた学び合いについて理論的・実践的に提案したものである。今までは国語科の指導事項をより効果的に身に付けさせるという目的のみで学び合いは導入されてきた。しかし21世紀型能力やアクティブ・ラーニングの重要性が叫ばれるようなった今，子どもたちは国語科の授業でも主体性や学び合う力を付ける必要がある。国語科の指導事項だけを学ぶのではない新しい国語科の授業を提案できたと考えている。

　本書で提案したいことをまとめると以下のようになる。

○今求められる国語科の授業のねらい

・国語科の指導事項

　国語科の授業であるので国語科の指導事項を効果的に身に付けさせることは当然重要である。

・主体的に学ぶ姿勢

　教師から教わるのではなく，自分たちで考えようという姿勢をもたせたい。

・学び合う力

　今後子どもたちは多様な他者と協働して仕事をすることが求められている。国語科の授業の中でも学び合う力を育てる必要がある。

○学び合いの形態

・人数

　2人，3人，4，5人，一斉など様々な人数のグループが考えられる。また人数にこだわらず，子どもたちは自分たちの興味・関心に合わせたグループも考えられる。人数が少なければコミュニケーションの質は高くなるが，その分多様性が減る。逆に人数が増えれば多様性は増えるが，コミュニケーションの質は下がる。

・構成
　同じ意見をもった子ども同士のグループ，違う意見をもった子ども同士のグループ，子どもが自ら相手を探すグループなどがある。同じ意見のグループは助け合いに向き，違う意見のグループは批判的な思考に向いている。
・学び合いのタイプ
　問題を広げる学び合い，考えを広げる学び合い，考えをまとめる学び合い，コミュニケーション自体を目的とした交流などがある。それぞれ子どもの学び合いの質が異なるので，それに合わせたグループを作ることが重要である。

　いずれにせよ，学び合いには様々な形があり，それぞれに長所・短所がある。最適な学び合いの形などない。何も考えずに一斉授業をするのではなく，授業の目的や言語活動の特色，子どもの実態に合わせて最適なグループを作り（一斉指導も含む），授業をしていくことが重要であると考えている。

　そういった考えで行った授業の実践事例を附属学校の先生方，東京都・埼玉県の小学校の先生方に執筆していただいた。執筆者の先生方には，失礼ながら原稿の直しをお願いし，修正していただいた。よい本にするためとは言え，ご無礼の数々お詫び申し上げたい。ただその分提案性のある本になったと考えている。学び合いの人数は何人がよいのか，グループの構成はどうするのか，学び合いの目的にはどういうものがあるのか，それを実践事例とあわせて示すことができたと考えている。

　本書の刊行にあたり，企画の始めの段階から，編集，完成に至るまで，明治図書の木山麻衣子氏・吉田茜氏には並々ならぬお世話を頂いた。この場をお借りして厚く御礼申し上げる次第である。

　2016年5月

編著者　**細川太輔**

【編著者紹介】

細川　太輔（ほそかわ　たいすけ）
1978年東京都生まれ。東京学芸大学准教授。東京大学教育学部卒業，東京学芸大学連合大学院修了。教育学博士。私立小学校教諭，東京学芸大学附属小金井小学校教諭，東京学芸大学講師を経て，現職。主な著書に『「書くこと」の言語活動25の方略』（代表編者，教育出版）などがある。

北川　雅浩（きたがわ　まさひろ）
1980年兵庫県生まれ。東京都葛飾区立中之台小学校指導教諭（国語）。青山学院大学文学部教育学科卒業，東京学芸大学大学院修士課程修了。現在，東京学芸大学連合大学院博士課程在籍中。主な著書に，「協働探究を志向した討論力の育成」（『月刊国語教育研究』505号，日本国語教育学会）などがある。

【執筆者紹介】

矢作　朋子	東京都台東区立谷中小学校主任教諭
福田　淳佑	東京学芸大学附属小金井小学校教諭
筧　理沙子	東京学芸大学附属小金井小学校教諭
後藤　夏美	東京都新宿区立西戸山小学校教諭
尾久由有子	東京都足立区立長門小学校教諭
原島　竜	東京都墨田区立言問小学校教諭
伊藤　浩平	東京都墨田区立押上小学校教諭
藤村由紀子	東京都江東区立東陽小学校主任教諭
成家　雅史	東京学芸大学附属小金井小学校教諭
大村　幸子	東京都武蔵野市立桜野小学校指導教諭
水沼　美和	埼玉県戸田市立美女木小学校教諭

〈本文イラスト〉　木村美穂

国語授業アイデア事典
アクティブ・ラーニングがうまくいく！
ペア＆グループ学習を取り入れた小学校国語科「学び合い」の授業づくり

2016年6月初版第1刷刊　Ⓒ編著者　細川太輔・北川雅浩
　　　　　　　　　　　　発行者　藤　原　光　政
　　　　　　　　　　　　発行所　明治図書出版株式会社
　　　　　　　　　　　　　　　　http://www.meijitosho.co.jp
　　　　　　　　　　　　（企画）木山麻衣子　（校正）吉田茜
　　　　　　　　　　　　〒114-0023　東京都北区滝野川7-46-1
　　　　　　　　　　　　振替00160-5-151318　電話03(5907)6702
　　　　　　　　　　　　　　　　　　　ご注文窓口　電話03(5907)6668

＊検印省略　　　　　　　組版所　藤原印刷株式会社

本書の無断コピーは，著作権・出版権にふれます。ご注意ください。

Printed in Japan　　　　　　　　ISBN978-4-18-250913-1
もれなくクーポンがもらえる！読者アンケートはこちらから →